भीगी-भीगी दो आँखें

भीगी-भीगी दो आँखें

ग़ज़ल संग्रह

देवेश कुमार 'देव'

MANJUL
मंजुल पब्लिशिंग हाउस

MANJUL

मंजुल पब्लिशिंग हाउस

कॉरपोरेट एवं संपादकीय कार्यालय

• द्वितीय तल, उषा प्रीत कॉम्प्लेक्स, 42 मालवीय नगर, भोपाल-462 003

विक्रय एवं विपणन कार्यालय

• सी-16, सेक्टर 3, नोएडा, उत्तर प्रदेश, 201301

वेबसाइट : www.manjulindia.com

वितरण केन्द्र

अहमदाबाद, बेंगलुरू, भोपाल, कोलकाता, चेन्नई,
हैदराबाद, मुम्बई, नई दिल्ली, पुणे

भीगी-भीगी दो आँखें

यह संस्करण 2023 में मंजुल पब्लिशिंग हाउस प्राइवेट लिमिटेड
द्वारा प्रकाशित

ISBN 978-93-5543-339-8

मुद्रण व जिल्दसाज़ी : रेप्रो इंडिया लिमिटेड

जगद्जननी परम कृपालु अधिष्ठात्री देवी
माँ हिंगलाज की असीम कृपा से

परम पूजनीय पिताजी
स्वर्गीय राघवेन्द्र कुमार श्रीवास्तव के
श्री चरणों में सादर समर्पित

''सात सितम्बर तेरह को मैं अब तक भूल नही पाया,
जिस दिन छोड़ गये थे यह संसार हमारे बाबूजी''

अनुक्रम

स्वकथ्य

परम कृपालु अधिष्ठात्री देवी माँ हिंगलाज की कृपा है कि यह किताब जिसका अभी तक केवल स्वप्न देखा था अब साकार हो रहा है।

वर्ष 2000 के आसपास ग़ज़ल गायक जगजीत सिंह साहब के एल्बम 'फ़ेस टु फ़ेस' को सुनकर मेरी ग़ज़ल सुनने के प्रति रूचि जागृत हुई। उनको सुनने का यह प्रभाव हुआ कि मेरी कैसेट लाइब्रेरी अनेक सुप्रसिद्ध ग़ज़ल गायकों के हिट एलबम्स से सजी हुई थी। यह मुझे ठीक से याद नहीं कि ग़ज़ल सुनने का शौक़ कब ग़ज़ल कहने के शौक़ में तब्दील हो गया। बहरहाल साहित्य-जगत् में मेरा औपचारिक प्रवेश 14 अप्रैल 2015 को भोपाल के नज़दीक मण्डीदीप में आयोजित एक स्थानीय कवि-सम्मेलन में ग़ज़ल पाठ से हुआ।

वर्ष 2015 से ही मैं ग़ज़ल का एक अनुशासित, सक्रिय एवं समर्पित विद्यार्थी हूँ। एक ऐसा विद्यार्थी, जिसने किसी भी विशेष पाठशाला से ग़ज़ल का कोई प्रशिक्षण प्राप्त नहीं किया। ग़ज़ल के प्रति दिलचस्पी और ग़ज़ल सीखने की ललक ने स्व-अध्ययन की ओर प्रेरित किया। स्व-अध्ययन के फलस्वरुप ग़ज़ल के छंद-शास्त्र से निज विवेकानुसार जो कुछ भी ज्ञान ग्रहण कर रहा हूँ उसी आधार पर ग़ज़लें कहने का प्रयास करता रहता हूँ। मैं निरंतर अध्ययन एवं सतत् अभ्यास से ग़ज़लों को निखारने हेतु प्रयासरत हूँ। किन्हीं ग़ज़लों में कहीं कोई त्रुटि भी हो सकती है, इस संभावना से भी इंकार नहीं किया जा सकता।

ग़ज़ल आज साहित्य जगत् की सर्वाधिक लोकप्रिय विधाओं में से एक है। प्रस्तुत पुस्तक 'भीगी भीगी दो आँखें' 111 ग़ज़लों का संकलन है। इसके शीर्षक का आविर्भाव भी इसी पुस्तक में संकलित ग़ज़ल के एक शेर से हुआ है।

आम बोलचाल की भाषा में प्रयुक्त होने वाले सहज सरल शब्दों को ही अशआर में पिरोकर ग़ज़लों को कहा गया है ताकि आपको किताब पढ़ते हुये ऐसा प्रतीत हो कि किताब आपसे आपकी अपनी ही भाषा में चर्चा कर रही है।

प्रस्तुत पुस्तक में कही गयी ग़ज़लें हिन्दुस्तानी ज़बान की ग़ज़लें हैं। हिंदुस्तान की आवाम ने उर्दू अरबी फारसी इत्यादि भाषाओं के लफ़्ज़ों को जिस रूप में स्वीकार किया है उसी रूप में इन लफ़्ज़ों का प्रयोग किया गया है।

ग़ज़ल का विस्तार गीत से कहीं अधिक होता है क्योंकि आप एक ही ग़ज़ल में अलग अलग विषयों पर शेर कहने के लिये स्वतंत्र होते हैं। मैंने ग़ज़ल के इसी विस्तृत स्वरुप का फ़ायदा उठाते हुये लगभग हर आवश्यक और महत्त्वपूर्ण विषय पर शेर कहने की कोशिश की है। समाज का हिस्सा होने के नाते मैंने इस समाज में जो कुछ जिया है और जो कुछ घटित होते हुये देखा है उसे ही अशआर के माध्यम से अपनी गज़लों में कहा है।

इस पुस्तक की ग़ज़लें कभी आपसे आपके ख़ूबसूरत महबूब के बारे में नज़ाकत भरी गुफ़्तुगू करती हैं तो कभी माँ-पिता, भाई-बहन, बेटी-बेटे जैसे जज़बाती रिश्तों पर भी अपना संवेदनात्मक पक्ष प्रस्तुत करती हैं।

ये ग़ज़लें भ्रष्टाचार, महँगाई, बेरोजगारी, ग़रीबी, शोषण, उत्पीड़न, कुरीतियों इत्यादि विषयों पर बेबाकी से अपना पक्ष रखती हैं तो कभी सियासत जैसे महत्त्वपूर्ण या आतंकवाद जैसे ज्वलंत मुद्दों पर भी खुलकर चर्चा करने से कोई संकोच नहीं करतीं।

कभी यह आपको आपके नटखट बचपन की चुटीली यादों में ले जाती हैं तो कभी पुराना गाँव पुराने लोग पुरानी परम्परायें पुराने तीज-त्यौहार पुरानी रीति-रिवाज़ों इत्यादि की सहसा ही याद दिलाने लगती हैं।

मैंने ग़ज़ल के बदले स्वरुप को स्वीकार किया है। उस दौर की ग़ज़ल आईना देखकर श्रृंगार करती थी आज की ग़ज़ल आईना दिखाकर हक़ीक़त से रू-ब-रू कराती है।

हालाँकि श्रृंगार की कुछ ख़ूबसूरत ग़ज़लों ने भी इस संकलन की शोभा को बढ़ाने में योगदान दिया है।

ग़ज़ल की इस यात्रा में कई सहगामियों का साथ सकारात्मक रूप में मिला है, उनमें से कई ने ग़ज़ल की महीन बारीकियों से अवगत कराया जिससे मेरी ग़ज़ल का पक्ष और मजबूत हुआ। कहते हैं ईश्वरीय कृपा से ही हमारे जीवन में सद्पुरुषों का आगमन होता है और यह मेरा सौभाग्य रहा कि इस काव्य यात्रा में कुछ ऐसे आत्मीय स्वभाव वाले सहयात्री मिले जिनसे भगवान ने आत्मीयता के तार जोड़ दिये। ग़ज़ल यात्रा के सभी सहयात्रियों, जिन्होंने प्रत्यक्ष व परोक्ष रूप से मुझे सहयोग प्रदान किया मेरा उत्साहवर्धन किया मैं हृदय से धन्यवाद ज्ञापित करता हूँ। मैं मेरी अर्धांगिनी नम्रता और बेटी भूमि का सर्वाधिक ऋणी हूँ क्योंकि उनके

साथ व्यतीत किये जाने वाले अनमोल पलों को ही उनसे उधार लेकर मैं साहित्यिक गतिविधियों में खर्च करता रहा। मेरी माँ मेरे दोनों बड़े भाई संदीप और राजीव मेरी छोटी लाड़ली बहन डॉली मेरे हर निर्णय के पक्ष में सदैव मेरे साथ प्रत्यक्ष व परोक्ष रूप से खड़े रहते हैं। क्योंकि उन लोगों का मुझमें अथाह विश्वास है। मैंने ग़ज़ल की राह चुनी तो पग-पग पर मेरे आत्मविश्वास में बढ़ौत्री करते रहे।

पापा जी आपके जाने के बाद शायद ही ऐसा कोई दिन हो जब मैं आपको याद न करता हूँ। आप अक्सर मेरे सपनों में आकर मुझे आज भी इस बात का अहसास कराते हो कि आप यहीं कहीं मेरे आसपास ही हो। मैं अपना यह प्रथम ग़ज़ल संग्रह आपके श्री चरणों में ही समर्पित करता हूँ।

प्रशंसक और आलोचक के बिना कोई भी कलाकार अपूर्ण होता है। कला की हर विधा में जब तक कलाकार को सही प्रशंसक या आलोचक न मिले, तब तक वह अपनी तरफ़ से मात्र एक प्रयासक की ही भूमिका निभा रहा होता है। लेखक और पाठक एक दूसरे के संपूरक होते हैं, पाठकों के बिना लेखक का लेखन अधूरा होता है। यह पाठक ही तय करता है कि लिखी गई रचनायें कितनी परिपक्व सटीक एवं सार्थक हैं। मैंने अपने अध्ययन, अभ्यास, अनुभव और विवेक के अनुसार अब तक जो कुछ भी सृजित किया उसे एक पुस्तक के रूप में आपके हाथों में सौंप रहा हूँ। आपकी प्रशंसा के साथ आलोचना का भी आकांक्षी हूँ, ताकि वर्तमान रचनाओं में की गई त्रुटियों की पुनरावृत्ति भविष्य में सृजित की जाने वाली रचनाओं के साथ न हो सके।

आपका

देवेश कुमार 'देव'

1. ग़लती तो थी बाल बराबर

ग़लती तो थी बाल बराबर।
लेकिन खींची खाल बराबर।।

बाबूजी जब आँख दिखाते।
माँ बन जाती ढाल बराबर।।

चिड़ियों से चहके यह आँगन।
दाने उनको डाल बराबर।।

तू मीठे रख बोल सभी से।
रख अपने सुरताल बराबर।।

गिद्ध सरीखी नज़र जमाये।
बैठा है यह काल बराबर।।

दौलत वाला, दिल का छोटा।
होता है कंगाल बराबर।।

वक़्त बुरा भी टल जाता है।
जैसे भी हो टाल बराबर।।

इतने बरसे अश्क़ हमारे।
भर जाये इक ताल बराबर।।

जाने किस दिन सच हो जाये।
तू सपने को पाल बराबर।।

मंज़िल तुझसे दूर नहीं है।
तू रख तेरी चाल बराबर।।

इक तुझको पाने की ख़ातिर।
दिल ने की हड़ताल बराबर।।

इश्क़ कहाँ कर बैठा यारों।
जी का है जंजाल बराबर।।

इक तू ही बेचैन नहीं है।
मैं भी हूँ बेहाल बराबर।।

उम्र भले छोटी है मेरी।
अनुभव है सौ साल बराबर।।

भला बुरा वह बोला मुझसे।
गली नहीं जब दाल बराबर।।

2. शाख़ों शाख़ों लटका बचपन

शाख़ों शाख़ों लटका बचपन।
गलियों गलियों दौड़ा बचपन।।

शक्कर जैसा मीठा-मीठा।
इमली जैसा खट्टा बचपन।।

तितली पीछे पीछे भागा।
चिड़ियों के सँग फुदका बचपन।।

घोर घटाओं के मौसम में।
मस्ती-मस्ती भीगा बचपन।।

सावन के रिमझिम मौसम में।
हुल्लड़-हुल्लड़ झूला बचपन।।

तपती झुलसाती दोपहरी।
नंगे पैयाँ दौड़ा बचपन।।

कल-कल-कल बहती नदिया में।
छप्पक-छप्पक तैरा बचपन।।

कुश्ती लँगड़ी दौड़ कबड्डी।
गुत्थम गुत्थी वाला बचपन।।

मिट्टी के ऊँचे टीलों से।
हँसते हँसते फिसला बचपन।।

बाबूजी की डाँट-डपट से।
अम्मा पीछे दुबका बचपन।।

देख गुरुजी आनन-फानन।
झाड़ी-वाड़ी छुपता बचपन।।

बेरी झूरी जामुन बीनी।
झट अमियों पर लपका बचपन।।

लोट लगाता था धरती पर।
ज़िद्दी और हठीला बचपन।।

लेकिन कितना पावन सा था।
मिट्टी वाला मैला बचपन।।

याद हमें आ जाता अक्सर।
घुटनों पर से छुलता बचपन।।

यह बचपन भी क्या बचपन है।
बचपन तो था अपना बचपन।।

3. जो आख़िर साथ जाना है वो पूँजी छोड़ देते हैं

जो आख़िर साथ जाना है, वो पूँजी छोड़ देते हैं।
दया ईमाँ मुहब्बत और नेकी छोड़ देते हैं।।

बुलंदी पर पहुँच कर, तुम ज़मीं मत, छोड़ना साहिब।
उखड़ जाते हैं वह, जो पेड़ मिट्टी छोड़ देते हैं।।

ग़रीबी उन अमीरों से, भला उम्मीद क्या रख्खे।
निवाले दो ही खाकर, जो कि थाली छोड़ देते हैं।।

कि जिस मासूम के, हाथों की मेंहदी भी नहीं छूटी।
उसी दुल्हन पे, कैसे, लोग तीली छोड़ देते हैं।।

बदन पर हम, पहनते ही नहीं, कपड़े कभी मैले।
तो अपनी आत्मा को, कैसे मैली छोड़ देते हैं।।

हमारे दौर के लोगों में, बाक़ी है अदब अब भी।
बड़े बूढ़ों को आता देख, कुर्सी छोड़ देते हैं।।

हज़ारों कोशिशों से भी, न छूटे मयकशी लेकिन।
ये मयकश ज़िद पकड़ बैठें, तो बीवी छोड़ देते हैं।।

सताती है हमें, रह-रह के, हर इक बूँद बारिश की।
कभी महबूब की, जब आँख भीगी छोड़ देते हैं।।

सिखाया था, इसी दिन के लिये क्या बोलना हमने।
कि अब बेटे हमारे, हम पे गाली छोड़ देते हैं।।

कि आधी रस्म में, सूची थमा देते हैं माँगों की।
कि आधी राह में, दुल्हन की डोली छोड़ देते हैं।।

परायों की तरह, बीवी से शौहर पेश आता है।
परायी मानकर, माँ-बाप बेटी छोड़ देते हैं।।

सफ़र आग़ाज़ करते हैं, हथेली थामकर जिनकी।
हमारा साथ अक्सर, वो ही साथी छोड़ देते हैं।।

4. ये पुरखों की विरासत है इसे बेचा नहीं करते

ये पुरखों की विरासत है, इसे बेचा नहीं करते।
किसी क़ीमत पे, ख़ुद्दारी का हम, सौदा नहीं करते।।

अगरचे ये किसी इंसान से वादा नहीं करते।
ज़बाँ के जो धनी हैं बात से पलटा नहीं करते।।

यहाँ कुछ लोग, हमसे इसलिये नाराज़ रहते हैं।
हम उनकी ढोलकी की, थाप पर मुजरा नहीं करते।।

सफ़लतायें हमेशा, उनके आगे सर झुकाती हैं।
जो अपनी राह पर, चलते हुये भटका नहीं करते।।

वही करते हैं अक्सर, दोस्तों हमसे दग़ाबाज़ी।
क़सम खाकर जो कहते हैं, कि हम धोखा नहीं करते।।

नहीं ऐसा नहीं, हम आपको भी, आज़मा लेते।
हमें मालूम है लेकिन ज़हर चख्खा नहीं करते।।

ज़रूरी यह नहीं, बोले हर इक, इंसान मीठा ही।
कोई जो बोल दे कड़वा, तो दिल खट्टा नहीं करते।।

अगर जी जान से, ख़िदमत करें अपने बुज़ुर्गों की।
तो इक अरसे तलक, वट वृक्ष ये सूखा नहीं करते।।

कि अब दिखती नहीं, गलियों में, बच्चों की चहल क़दमी।
बड़े बूढ़े भी अब, पीपल तले बैठा नहीं करते।।

अगर सोना है, तो सोने को, कसते हैं कसौटी पर।
वो लोहा और पीतल है, जिसे परखा नहीं करते।।

वगरना किस में ताक़त थी, जो हम पर राज कर लेता।
अगर आपस में, इक दूजे से हम झगड़ा नहीं करते।।

बड़ी ही तंगदस्ती में, गुज़ारी ज़िंदगी हमने।
मगर अल्लाह से, इस बात का शिकवा नहीं करते।।

बुरी आदत है, यह आदत बदल डालो मेरे बच्चे।
बड़े जब बोलते हों, बीच में बोला नहीं करते।।

वहाँ इतिहास दोहराता है, ख़ुद को हू-ब-हू वैसा।
जहाँ गुज़रे हुये, इतिहास से सीखा नहीं करते।।

ख़ुदा तेरे जहाँ में, हैं यहाँ कुछ क्रूर ऐसे भी।
किसी का क़त्ल करके, हाथ जो धोया नहीं करते।।

अमीरों से पनाहों की न तुम रखना तवक़्क़ो 'देव'।
बहुत ऊँचे अगर हैं, पेड़ तो छाया नहीं करते।।

5. ख़ूब लुटाते थे हम सब पर प्यार हमारे बाबूजी

ख़ूब लुटाते थे हम सब पर प्यार हमारे बाबूजी।
आशीषों की करते नित बौछार हमारे बाबूजी।।

अम्मा जब बीमार पड़ी, तो सेवा करते नहीं थके।
हालाँकी सेहत से थे, लाचार हमारे बाबूजी।।

हमने जो फ़रमाइश कर ली, केवल एक खिलौने की।
घर में लाकर रख देते, बाज़ार हमारे बाबूजी।।

राह निकल जाते, तो झुक जाता था, हर सर इज़्ज़त से।
बस्ती में इतने थे, इज़्ज़तदार हमारे बाबूजी।।

दुःख तकलीफें आना भी, चाहें तो कैसे आ पातीं।
बीच खड़े थे बनकर इक, दीवार हमारे बाबूजी।।

मर जाना मंज़ूर उन्हें था, झुक जाना मंज़ूर नहीं।
माँ कहती है, ऐसे थे खुद्दार हमारे बाबूजी।।

तुमने कितनी मुश्किल से तालीम हमें दिलवाई थी।
इससे उससे लेकर कर्ज़, उधार हमारे बाबूजी।।

ज़ेवर गिरवी रखकर तुमने, ट्यूशन फ़ीस चुकाई थी।
याद हमें हैं अब तक, एक हज़ार हमारे बाबूजी।।

बेटी जब डोली में बैठी, साहस उनका टूट गया।
जीवन में रोये थे बस, इक बार हमारे बाबूजी।।

कोई मुश्किल कोई अड़चन, उनसे जीत नहीं पाई।
मौत तुझी से मान गये थे, हार हमारे बाबूजी।।

जब तुम थे होली होली थी, दीवाली दीवाली थी।
अब जाते हैं सूने, हर त्यौहार हमारे बाबूजी।।

तुम कैसे हो उस दुनिया में, जन्नत जिसको कहते हैं।
भेजो कोई चिट्ठी, कोई तार हमारे बाबूजी।।

बचपन लौट चला आये फिर, फिर हमको दिलवा जायें।
गुड्डा गुड़िया चकरी फुग्गा, कार हमारे बाबूजी।।

बरसों बीत गये हैं लेकिन अब भी ऐसा लगता है।
उस कमरे में बैठे हैं, तैयार हमारे बाबूजी।।

सात सितंबर तेरह को मैं, अब तक भूल नहीं पाया।
जिस दिन छोड़ गये थे, यह संसार हमारे बाबूजी।।

6. तेरे सर पर रहा सातों दिवस घर द्वार मेरी माँ

तेरे सर पर रहा, सातों दिवस घर द्वार मेरी माँ।
कहाँ क़िस्मत में तेरी, था कोई इतवार मेरी माँ।।

कि जैसे आ गया चलकर, स्वयं भगवान दरवाज़े।
तू करती थी, भिखारी का भी, यूँ सत्कार मेरी माँ।।

बुरी नज़रों ने जब जब भी, निशाने पर लिया मुझको।
बचाने आ गई, तेरी दुआ हर बार मेरी माँ।।

ये पावन लफ़्ज़ 'माँ', जब भी मेरे होठों पे आता है।
तो खुल जाता है, आशीषों का, इक दरबार मेरी माँ।।

उऋण मैं हो नहीं सकता, तेरी ममता के कर्ज़े से।
भले सेवा करूँ, लेकर जनम सौ बार मेरी माँ।।

स्वयं भगवान को, उस पार से, आना पड़ा जब भी।
तेरी ही कोख़ से, उतरा है वो, इस पार मेरी माँ।।

कि इक बेटी कि इक बहना कि पत्नी या बहूरानी।
निभाती थी बड़ी ख़ूबी से, हर किरदार मेरी माँ।।

कि हर इक काम को मुँह से तेरे बस 'हाँ' निकलती है।
नहीं होता तेरे लब पर कभी इंकार मेरी माँ।।

तेरी ममता को, जो दुत्कार दें ऐसे कपूतों को।
जहन्नुम भी नहीं, करता कभी स्वीकार मेरी माँ।।

मुकम्मल इक ग़ज़ल, जिस रोज़ भी तुझ पर कही मैंने।
तेरी पूजा करेंगे, ये मेरे अशआर मेरी माँ।।

तेरी रोटी की ख़ुशबू, चंद लम्हों में महकती थी।
अचानक आ पड़ें, मेहमाँ अगर दो चार मेरी माँ।।

लगी रहती थी, तू शिद्दत से, घर के काम काजों में।
भले सेहत से हो, थोड़ी बहुत बीमार मेरी माँ।।

मुहल्ले भर का जमघट, तब लगा करता था घर अपने।
अगर हो तीज कोई या कोई त्यौहार मेरी माँ।।

मेरे चारों तरफ़, ख़ुशियाँ ही ख़ुशियाँ, रक़्स करती थीं।
तेरे साये में, जन्नत था मेरा संसार मेरी माँ।।

7. जब हम तुम हैं भाई-भाई आपस में

जब हम तुम हैं भाई-भाई आपस में।
क्यों हमने तलवार चलाई आपस में।।

एक सियासत डायन से माचिस लेकर।
बस्ती हमने ख़ूब जलाई आपस में।।

अच्छा यह था अच्छाई भी दिख जाती।
देखी हमने सिर्फ़ बुराई आपस में।।

घर की बात नहीं जाये घर के बाहर।
लाख रखें हम बैर-बुराई आपस में।।

मुझ में गर्मी औ'र तुझ में बरसात रही।
जैसे हम हों जून-जुलाई आपस में।।

शायद उसका दुख हल्का हो जायेगा।
आओ बाँटें पीर पराई आपस में।।

अपने इन उधड़े रिश्तों की हम दोनों।
मिलजुल के कर लें तुरपाई आपस में।।

अपनों की इस बात पे मैं शर्मिंदा हूँ।
हार गया तो बँटी मिठाई आपस में।।

भार उठाया हमने तुमने मिलजुलकर।
जीवन क्या है बोझ ढुलाई आपस में।।

इक दूजे के दिल में ऐसे क़ैद हुए।
हमे नहीं फिर मिली रिहाई आपस में।।

मुल्क़ हमारा छुआछूत से मुक्त रहे।
आओ खेलें छील-छिलाई आपस में।।

सर्द ठिठुरती उन रातों में हम दोनों।
बन बैठे फिर गर्म रज़ाई आपस में।।

नींद खुलेगी अब जागेगा यह शासन।
जनता ने आवाज़ मिलाई आपस में।।

इक मैं भी तन्हा हूँ इक तुम भी तन्हा।
हम दोनों बाँटें तन्हाई आपस में।।

8. दाग़ हैं काले काले धुलाई करें

दाग़ हैं काले काले धुलाई करें।
आओ हम अपने दिल की सफ़ाई करें।।

कौन होता है शामिल ग़मों में यहाँ।
यह हक़ीक़त है सब मुँह दिखाई करें।।

है बड़प्पन कहाँ आपका आप जो।
अपनी अपने ही मुँह से बड़ाई करें।।

आप लकड़ी सा जलकर नहीं राख हों।
दूध सा तप के ख़ुद को मलाई करें।।

एक दूजे से मीठा ही बोलें सदा।
हम ज़ुबानों को अपनी मिठाई करें।।

सद्गुणों को दें अपने हृदय में जगह।
दुर्गुणों की हृदय से विदाई करें।।

काम आयेगी दौलत न परलोक में।
तो दुआओं की हम-तुम कमाई करें।।

ज़िंदगी एक कॉटन के कपड़े सी है।
आप ख़ुशियों की इसमें कढ़ाई करें।।

खोल दो तुम अगर अपने दिल की किताब।
तो मोहब्बत की हम भी पढ़ाई करें।।

सामने लोग करते हैं तारीफ़ पर।
पीठ पीछे ये अपनी बुराई करें।।

सूख जायें रफ़ाक़त की फसलें न ये।
आओ विश्वास की हम सिंचाई करें।।

हो गया कितना बेदर्द इंसान अब।
काम करता है वह जो कसाई करें।।

9. आपके रुख़ से घूँघट उठाने के बाद

आपके रुख़ से घूँघट उठाने के बाद।
चाँद देखा है मैंने ज़माने के बाद।।

दूसरा फिर ख़ुदा ने बनाया नहीं।
एक चेहरा तुम्हारा बनाने के बाद।।

यूँ लगा जैसे तेरे गले मिल लिया।
तेरी तस्वीर दिल से लगाने के बाद।।

देर तक तेरे होने का एहसास था।
तेरी ख़ुशबू रही तेरे जाने के बाद।।

मेरे दिल में मोहब्बत के गुल खिल गये।
तेरी नज़रों से नज़रें मिलाने के बाद।।

घंटियाँ भी बजाईं नमाज़ें पढ़ीं।
तुझको पाया ख़ुदा को मनाने के बाद।।

बेवफ़ा एक दिन हो गई ग़ैर की।
अपने हाथों में मेंहदी रचाने के बाद।।

अल्ला मुझको मोहब्बत से महरूम रख।
कितने पागल हुये दिल लगाने के बाद।।

'देव' आवाज़ तू दे रहा है किसे।
कौन लौटा है इक बार जाने के बाद।।

10. दीन दुखियों की गलियों में जाया करो

दीन दुखियों की गलियों में जाया करो।
फ़र्ज़ इंसानियत का निभाया करो।।

चाँद बीवी के क़दमों में रख दो मगर।
पैर माँ बाप के भी दबाया करो।।

और ज़ीनत ये चेहरे की बढ़ जायेगी।
जब किसी से मिलो मुस्कुराया करो।।

दूसरे को दिखाने से क्या फ़ायदा।
आईना आप ख़ुद को दिखाया करो।।

एक परहित ही सबसे बड़ा धर्म है।
पार अंधे को रस्ता कराया करो।।

आपकी ज़द में आ जाये कोई अगर।
एक बरगद की मानिंद साया करो।।

खोल देगी ये दुनिया तुम्हारे लिये।
दिल का दरवाज़ा तुम खटखटाया करो।।

मत झुकाओ कभी शीश, महलों पे तुम।
सर ये मंदिर के आगे झुकाया करो।।

आप फ़िरक़ा-परस्ती पे लिखते हो क्यों।
यह क़लम ख़ून में मत डुबाया करो।।

बेईमानी के पकवान से ठीक है।
रोटियाँ ख़ुश्क ईमाँ की खाया करो।।

इश्क़ कर ही लिया है अगर आपने।
नाज़ नखरे भी हँसकर उठाया करो।।

अश्क़ होते हैं अपने बड़े क़ीमती।
ऐसे वैसे न इनको बहाया करो।।

लग न जाये नज़र आपको सुंदरी।
रुख़ पे टीका भी काला लगाया करो।।

टूट जाता है फिर बाँध यह सब्र का।
झुक सके कोई उतना झुकाया करो।।

जब किसी से मिलो 'देव' ऐसे मिलो।
सीधे-सीधे ही दिल में समाया करो।।

11. मेरी ख़ातिर इक अरसे तक जागी जागी दो आँखें

मेरी ख़ातिर इक अरसे तक, जागी जागी दो आँखें।
याद मुझे आती हैं अब भी, काली-काली दो आँखें।।

पेट भरी दुनिया में हमनें, अक्सर ऐसा देखा है।
फुटपाथों पर सो जाती हैं, भूखी-भूखी दो आँखें।।

जाने क्या कहना था मुझसे, लेकिन बोल नहीं पाईं।
खिड़की से तकती रहती थीं, चोरी-चोरी दो आँखें।।

बारिश के मौसम से रिश्ता, उसका जाने कैसा था।
खोई रहती थीं यादों में, डूबी-डूबी दो आँखें।।

आगे पीछे घूमा करते, हैं हम मान मनौव्वल को।
जब सजनी की दिख जाती हैं, रूठी-रूठी दो आँखें।।

फिर इक दिन ऐसा भी आया, मुझको तन्हा छोड़ गईं।
आख़िर कब तक साथ निभातीं, बूढ़ी-बूढ़ी दो आँखें।।

जब ऑफिस से घर लौटूँ, तो नन्हे नन्हे क़दमों से।
दौड़ लिपट पड़ती हैं आकर, भोली-भोली दो आँखें।।

वक़्त अभागा ऐसा आया, फिर मुझसे रुख़सत हो लीं।
एक कहानी पीछे छोड़े, **भीगी-भीगी दो आँखें**।।

'देव' बिछड़ते वक़्त का वह, मंज़र था बेहद दुखदायी।
जब मेरे पीछे आई थीं, दौड़ी-दौड़ी दो आँखें।।

12. चाँद तारे सदा जगमगाते रहे

चाँद तारे सदा जगमगाते रहे।
लोग आते रहे लोग जाते रहे।।

वक़्त अच्छा हो या हो बुरा ऐ ख़ुदा।
अपना सर तेरे आगे झुकाते रहे।।

हर क़दम पर तजुर्बों के यह सिलसिले।
उम्र भर हमको जीना सिखाते रहे।।

कुछ गुनह हमसे ऐसे हुये ऐ ख़ुदा।
आप रूठे रहे हम मनाते रहे।।

आप थे हमसफ़र बात ही और थी।
आपके बिन क़दम डगमगाते रहे।।

उसके नैनों से गंगा छलकती रही।
हम भी आँखों से यमुना बहाते रहे।।

अपनी क़िस्मत पे रोना तो आया मगर।
थाम कर अश्क़ हम मुस्कुराते रहे।।

सूद देते रहे मूल क़ायम रहा।
उम्र भर क़र्ज़ ऐसे चुकाते रहे।।

एक लौटा नहीं आ गया दूसरा।
हमको दुख दर्द यूँ आज़माते रहे।।

स रे ग म प ध नि स स नि ध प म ग रे।
ज़िंदगी हम तुझे सुर में गाते रहे।।

13. चुभ जाते हैं काँटों जैसे

चुभ जाते हैं काँटों जैसे।
अपने कब हैं अपनों जैसे।।

फिर इक दिन बिटियाँ आँगन से।
उड़ जाती हैं चिड़ियों जैसे।।

तुम अपनी बहनों को रखना।
अपने दिल में परियों जैसे।।

काश सभी के बेटे होते।
दशरथ जी के बेटों जैसे।।

अब भी हम अम्मा के आगे।
ज़िद करते हैं बच्चों जैसे।।

सौंप रहे हैं दिल का टुकड़ा।
तुम रख लेना फूलों जैसे।।

लफ़्ज़ कभी मत ऐसे बोलो।
जो चुभ जायें तीरों जैसे।।

डाकू वो निकले आख़िर में।
जो दिखते थे संतों जैसे।।

वो ज़िंदा भी क्या ज़िंदा हैं।
जो ज़िंदा हैं मुर्दों जैसे।।

जनता चीख़ रही बेचारी।
हाक़िम हैं सब बहरों जैसे।।

मंदिर मानें मदिरालय को।
हम हैं ऐसे रिंदों जैसे।।

14. बताओ कौन किसका है यहाँ इस घोर कलयुग में

बताओ कौन किसका है, यहाँ इस घोर कलयुग में।
न भाई है न बेटा है, यहाँ इस घोर कलयुग में।।

बिठाना तो हृदय में, चाहिये था, राम को लेकिन।
हृदय में काम बैठा है, यहाँ इस घोर कलयुग में।।

अगर दिख जाये तुमको, आदमी इक संत के जैसा।
तो यह नज़रों का धोखा है, यहाँ इस घोर कलयुग में।।

हमारे दर्द में, दो चार आ जायें खड़े होने।
ये इक सपने के जैसा है, यहाँ इस घोर कलयुग में।।

मैं आँखें मूँदकर, तुम पर भला विश्वास क्यों कर लूँ।
किसी का क्या भरोसा है, यहाँ इस घोर कलयुग में।।

न जाने किस घड़ी, क्या हादसा हम पर गुज़र जाये।
ये दिल हर पल धड़कता है, यहाँ इस घोर कलयुग में।।

बिना कारण, बिना स्वारथ, बिना मक़सद, बिना मतलब।
किसी से कौन मिलता है, यहाँ इस घोर कलयुग में।।

कि इनके पास तलवारें कि उनके पास बंदूकें।
किसी से कौन डरता है, यहाँ इस घोर कलयुग में।।

मैं लिखना छोड़ दूँगा, आप यह साबित अगर कर दो।
कि इक इंसान सच्चा है, यहाँ इस घोर कलयुग में।।

वो कोई और युग थे, दूध की बहती थीं जब नदियाँ।
लहू हर ओर बहता है, यहाँ इस घोर कलयुग में।।

बस इतना मानिये, है एक मायाजाल यह दुनिया।
नहीं होता, जो दिखता है, यहाँ इस घोर कलयुग में।।

ये वादे इश्क़ के झूठे, ये क़समें प्यार की झूठी।
किसी पर कौन मरता है, यहाँ इस घोर कलयुग में।।

उसी इक राम की, पूजा से क़तराने लगे हैं लोग।
जो दुख हम सबके हरता है, यहाँ इस घोर कलयुग में।।

यही चालीस बरसों का, तजुर्बा 'देव' है मेरा।
कि जो कुछ भी है, पैसा है, यहाँ इस घोर कलयुग में।।

15. देकर दर्द अपार गये तुम

देकर दर्द अपार गये तुम।
यूँ जीते जी मार गये तुम।।

सावन के रिमझिम मौसम में।
अश्क़ों की दे धार गये तुम।।

बिंदिया काजल झुमकी पायल।
छूटा सब श्रृंगार गये तुम।।

मन वीणा की आशाओं के।
टूटे सारे तार गये तुम।।

देहरी सूनी आँगन सूना।
सूना है घर द्वार गये तुम।।

माला के गुरियों के जैसा।
बिखरा घर संसार गये तुम।।

भेजी कोई चिट्ठी तुमने।
और न भेजा तार गये तुम।।

मुझको पार लगाने वाले।
छोड़ मुझे मझधार गये तुम।।

तन्हाई से लड़ते लड़ते।
अब क्या हिम्मत हार गये तुम।।

गलियाँ सूनी रस्ते सूने।
सूना है बाज़ार गये तुम।।

साँझ सवेरे अश्क़ हमारा।
करते हैं सत्कार गये तुम।।

इस कोमल मखमल से दिल में।
ख़ंजर एक उतार गये तुम।।

क्या प्यारी सजनी का बालम।
पावन प्रेम बिसार गये तुम।।

16. घड़ी दो घड़ी ज़िंदगी का सफ़र है

घड़ी दो घड़ी ज़िंदगी का सफ़र है।
न कोई अजर है न कोई अमर है।।

जहाँ तक भी नज़रें चली जा रही हैं।
न छाया है कोई न कोई शजर है।।

भरोसा करें क्यों भरोसे के क़ाबिल।
न कोई इधर है न कोई उधर है।।

ये दुनिया है कैसी ज़माना है कैसा।
न मैं बेख़बर हूँ न तू बेख़बर है।।

कि अब बातें करता हूँ महकी हुई मैं।
ये फूलों की सोहबत का मुझपे असर है।।

किसी और का डर कहाँ है रे इंसाँ।
मुझे तेरा डर है तुझे मेरा डर है।।

हमें देखना चाहती है सुखी जो।
ज़माने में केवल वो माँ की नज़र है।।

दबाओ न मन में कि कह भी दो खुलकर।
किसी से जो तुमको शिकायत अगर है।।

तुझे मुझमें कमियाँ मुझे तुझमें ख़ूबी।
वो तेरी नज़र है ये मेरी नज़र है।।

17. वक़्त रहते 'देव' सबको आज़माकर देख लो

वक़्त रहते 'देव' सबको आज़माकर देख लो।
कौन देता है सहारा डगमगाकर देख लो।।

डॉक्टर ने हाथ ऊँचे कर दिये तो क्या हुआ।
इक दिया मंदिर की चौखट पर जलाकर कर देख लो।।

आप में बाक़ी है ग़ैरत तो उठाओ आईना।
और नज़रें आप ख़ुद से ही मिला कर देख लो।।

ख़ुद के ग़म में भीग जाना आँख का लाज़िम है पर।
ग़ैर के दुख दर्द में आँसू बहा कर देख लो।।

बेज़मीरी चैन से सोने नहीं देगी तुम्हें।
नींद की तुम गोलियाँ चाहो तो खा कर देख लो।।

फिर नहीं सोयेगा यह भगवान भूखा आपका।
आप इक भूखे को दो रोटी खिला कर देख लो।।

आपसे तन्हाई में करती रहेगी गुफ़्तुगू।
यह मेरी तस्वीर कमरे में लगा कर देख लो।।

आप हो जाओगे वाक़िफ़ असलियत से भी हुज़ूर।
बस हरे चश्मे को आँखों से हटा कर देख लो।।

और कितनी देर तक रोओगे मुझको देखकर।
अब बिछड़ते वक़्त मुझको मुस्कुरा कर देख लो।।

लोग जो चारों तरफ हैं, हैं शिकारी की तरह।
ये झपट लेंगे तुम्हें तुम फड़फड़ाकर देख लो।।

यूँ लगेगा चाँद को छूकर चले आये अभी।
तुम किसी बच्चे को बाहों में उठाकर देख लो।।

'देव' ग़ैरों से निभाना तो बहुत आसान है।
बात तो तब है कि अपनों को निभा कर देख लो।।

18. पाई पाई को गर वह मजबूर नहीं होता

पाई पाई को गर वह मजबूर नहीं होता।
तो इक बूढ़ा बेचारा मजदूर नहीं होता।।

जीना सीखो उस जगमग आकाश के तारे से।
कोई मौसम हो सूरज बेनूर नहीं होता।।

अनबन एक यही चलती रहती है क़िस्मत से।
वह जो देती है मुझको मंज़ूर नहीं होता।।

चार दिनों तक ही चलता है शोहरत का जादू।
जिसको यह मालूम है वह मग़रूर नहीं होता।।

उन रिश्तो में मीठापन होता है शक्कर सा।
जिन रिश्तों की नींवों में अमचूर नहीं होता।।

नंगे पाँवों से शोलों पर चलना पड़ता है।
कोई ऐसे वैसे ही मशहूर नहीं होता।।

कौन भला सुनता है ऐसे कर्कश लोगों को।
जिन लोगों की वाणी में संतूर नहीं होता।।

हमको अब भी होता है विश्वास ज़माने पर।
लेकिन अब विश्वास हमें भरपूर नहीं होता।।

वह रहता है अपना ही जो अपना रहता है।
होकर मीलों दूर भी हमसे दूर नहीं होता।।

हाथ अगर सहला जाते इक बार मुहब्बत से।
ज़ख़्म हमारे दिल का यूँ नासूर नहीं होता।।

रावण तुमको, कंस तुम्हें भी, देखा दुनिया ने।
कौन यहाँ अभिमानी चकनाचूर नहीं होता।।

जिस पल भी दिल में आ जाये नेकी कर डालो।
नेकी करने का कोई दस्तूर नहीं होता।।

उस लड़के को नहीं सौंपती दिल अपना लड़की।
जिस लड़के के हाथों में सिंदूर नहीं होता।।

19. चाँद घटा फुलवारी बादल एक तरफ़

चाँद घटा फुलवारी बादल एक तरफ़।
सजनी की आँखों का काजल एक तरफ़।।

इतनी कच्ची नींद हमारी अम्मा की।
ताला चाबी कुंडी साँकल एक तरफ़।।

अब बसता है बस्ती में ही वहशीपन।
रस्ता पर्वत दरिया जंगल एक तरफ़।।

सोना तो सोना ही होता है आख़िर।
चाँदी ताँबा काँसा पीतल एक तरफ़।।

इतनी मोहक ख़ुशबू तेरी साँसों की।
इत्र गुलाब मोगरा संदल एक तरफ़।।

इतनी मीठी है तेरी आवाज़ प्रिये।
चिड़िया बुलबुल मैना कोयल एक तरफ़।।

एक तरफ़ यह वीणा ये वंशी झाँझर।
छम छम तेरे पाँव की पायल एक तरफ़।।

एक तरफ़ यह पंखे ये कूलर एसी।
नदिया के तट वाला पीपल एक तरफ़।।

पीना है तो माँ गंगा का जल पी लो।
रख दो यह दारू की बोतल एक तरफ़।।

इक पलड़े में यह सारे रिश्ते नाते।
माँ तेरी ममता का आँचल एक तरफ़।।

राही तुझको ख़ुद चुननी है राह तेरी।
एक तरफ़ है गंगा दलदल एक तरफ़।।

एक तरफ़ दिल की दुश्मन दुनिया सारी।
सच्चा प्रेमी, आशिक़, पागल एक तरफ़।।

20. राघव की अँखियों में सीता रहती है

राघव की अँखियों में सीता रहती है।
मोहन के नयनों में राधा रहती है।।

जब तक सावित्री है, तो है सावित्री।
वरना हर इक औरत दुर्गा रहती है।।

जिसका मन हो मंदिर के जैसा पावन।
उसके चेहरे पर इक आभा रहती है।।

वह मानव भगवान भला क्या पायेगा।
जिस मानव के दिल में माया रहती है।।

सूरत से इंसाँ की कब है सुंदरता।
सीरत से इंसाँ की शोभा रहती है।।

इस ख़ातिर ही पूजी जाती है औरत।
उसके संकल्पों में गंगा रहती है।।

जब कर देता है संसार निराश हमें।
तब हमको भगवान से आशा रहती है।।

पूजा कब होती है दीप जलाने से।
भक्तों के भावों में पूजा रहती है।।

जितना मिल जाता है उससे ज़्यादा की।
इंसानों के मन में तृष्णा रहती है।।

21. लुटाया था कभी दिल का ख़ज़ाना भूल जाते हैं

लुटाया था कभी, दिल का ख़ज़ाना, भूल जाते हैं।
ज़रा इक बात पर ही, दोस्ताना भूल जाते हैं।।

चले आते हैं जब भी, यह मेरे लिक्खे पढ़े बच्चे।
बुज़ुर्गों के क़दम पर, सर झुकाना भूल जाते हैं।।

हमारी परवरिश को, पैर जो दौड़ा किये हरदम।
कि अब वह थक गये, तो हम दबाना भूल जाते हैं।।

हमारी भूख से ज़्यादा, हमें खाना खिलाती थी।
दवाई हम उसी, माँ को खिलाना भूल जाते हैं।।

कभी मिल जायें हमको, राह में पहचान वाले तो।
वो हम को देखकर भी, मुस्कुराना भूल जाते हैं।।

हमारे घर से भूखे, जो नहीं जाते कभी वापस।
वो अपने घर हमें, पानी पिलाना भूल जाते हैं।।

तेरी इन चूड़ियों की, सुरमयी आवाज़ को सुनकर।
वहाँ शाख़ों पे, पंछी चहचहाना भूल जाते हैं।।

तुम्हें हम देखते हैं, तो हमें महसूस होता है।
तुम्हें हम देखकर, सारा ज़माना भूल जाते हैं।।

22. बच कर रहना यारों धोखा करने वाले लोगों से

बच कर रहना यारों धोखा करने वाले लोगों से।
शीशी पर अमृत लिखकर विष भरने वाले लोगों से।।

हमने तो बस यह देखा है ये आक़ा ख़ुश रहते हैं।
चरणों में ओंधे गिरकर सर धरने वाले लोगों से।।

इंक़लाब की चिंगारी का क्या उठ पाना मुमकिन है।
इक चूहे को देख देख कर डरने वाले लोगों से।।

तब तो केवल एक हुआ था जिसने सीता हरण किया।
अब संसार भरा है सीता हरने वाले लोगों से।।

इश्क़ मुहब्बत प्यार वफ़ा की मत उम्मीद लगाना 'देव'।
चाँदी सोना धन दौलत पर मरने वाले लोगों से।।

23. देखिये किस शक़्ल में अब ढल रहा है आदमी

देखिये किस शक़्ल में, अब ढल रहा है आदमी।
आज यह हैवान है, जो कल रहा है आदमी।।

है दबाये होंठ में, सिगरेट इक जलती हुई।
हाथ में, ज़र्दे की पत्ती, मल रहा है आदमी।।

जब धुआँ उठने लगे, तो कोसता है भाग्य को।
जबकि ख़ुद की करनियों से, जल रहा है आदमी।।

ओढ़नी थी, बर्फ़ की चादर, हिमाचल की तरह।
इक धधकता सा मगर चंबल रहा है आदमी।।

आचरण से आजकल, दुर्गंध आने लग गई।
इक महकता सा कभी, संदल रहा है आदमी।।

एक दिन, निश्चित ही इसको गर्त्त में ले जायेगा।
रास्ता यह जो पकड़ कर, चल रहा है आदमी।।

आदमी की शक़्ल पर तो कुछ लिखा होता नहीं।
है दरिंदा हमक़दम या चल रहा है आदमी।।

हो गये हालात, देखो इस क़दर बदतर कि अब।
मूंग इक दूजे की छाती, दल रहा है आदमी।।

24. हमें बोलने को बुलाया न जाता

हमें बोलने को बुलाया न जाता।
बुलाया तो फिर चुप कराया न जाता।।

छुरी घोंपनी थी अगर पीठ पर तो।
हमें यूँ गले से लगाया न जाता।।

महकता ही रहता ये बँगला तुम्हारा।
जो नकली गुलों से सजाया न जाता।।

मोहब्बत तो तब थी कि हम जो न खाते।
तो खाना ये तुमसे भी खाया न जाता।।

तो फिर क़द तुम्हारा ये बढ़ता भी कैसे।
जो क़द ये हमारा घटाया न जाता।।

हुक़ूमत न उत्पात करते ये गुंडे।
इन्हें गोद में जो बिठाया न जाता।।

ये मंसूबे पूरे न होते तुम्हारे।
जो रस्ते से हमको हटाया न जाता।।

ये दामाद सरकारी ख़ुश कैसे होते।
जो परसाद इनको चढ़ाया न जाता।।

तो अपने ही पैरों पे सत्ता ये चलती।
जो बैसाखियों पे चलाया न जाता।।

कि जो कुछ बचा है गवाँ देते वह भी।
अगर वक़्त रहते जगाया न जाता।।

ये इतिहास कुछ और कहतीं किताबें।
अगर सच को हम से छुपाया न जाता।।

सज़ा उनको ऐ 'देव' निश्चित ही मिलती।
अगर दोषियों को बचाया न जाता।।

25. यादों के अनमोल ख़ज़ाने निकल पड़े

यादों के अनमोल ख़ज़ाने निकल पड़े।
अश्क़ हमारे इसी बहाने निकल पड़े।।

इक बढ़ते झगड़े को सुलझाने आख़िर।
घर के बाहर चार सयाने निकल पड़े।।

घर के अंदर सब कुछ था आसान मगर।
विपदाओं से आँख मिलाने निकल पड़े।।

मुझ पर तीर चलाने को जो आतुर थे।
वह चेहरे जाने-पहचाने निकल पड़े।।

अपनों ने तो अपना दामन छोड़ दिया।
साथ निभाने को बेगाने निकल पड़े।।

सोचा कुछ पल पेड़ के नीचे बैठेंगे।
ख़ुद की ख़ातिर वक़्त चुराने निकल पड़े।।

डाहें भर-भर रोये पहले तो सारे।
फिर इक मुर्दा लोग जलाने निकल पड़े।।

रुख़सत होते देखा जब इक दुल्हन को।
ज़ख़्म हमारे चंद पुराने निकल पड़े।।

फिर पावन परिणय के धागे में बँधकर।
जीवन पथ पर दो अंजाने निकल पड़े।।

बात छिड़ी जब तेरी मेरी बस्ती में।
तो अफ़सानों पर अफ़साने निकल पड़े।।

बैर-बुराई में क्या रखखा है आख़िर।
हम दुश्मन से हाथ मिलाने निकल पड़े।।

हमने जब इंसाँ को झाँका अंदर से।
तो तहखानों में तहखाने निकल पड़े।।

कल देगा वह 'देव' मुसाफ़िर को छाया।
इस ख़ातिर इक पेड़ लगाने निकल पड़े।।

26. नरम रेशम के धागों का भरोसा तोड़ देते हैं

नरम रेशम के, धागों का भरोसा तोड़ देते हैं।
यहाँ कुछ कंस, बहनों का भरोसा तोड़ देते हैं।।

हमें उम्मीद रहती है कि हम जी जायेंगे लेकिन।
हमारे प्राण, साँसों का भरोसा तोड़ देते हैं।।

कभी यह हाथ अपने, दिल पे रखिये, सोचिये साहिब।
कि हम जीवन में, कितनों का भरोसा तोड़ देते हैं।।

हमारी रात सारी, करवटों में ही गुज़रती है।
हमारे ख़्वाब, नींदों का भरोसा तोड़ देते हैं।।

भरोसा कौन, वरना ग़ैर पर, करता है दुनिया में।
मगर अपने ही, अपनों का भरोसा तोड़ देते हैं।।

कि उन औलाद से, औलाद का, होना नहीं अच्छा।
जो माँ औ'र बाप, दोनों का भरोसा तोड़ देते हैं।।

कभी मिलता है, उल्टा दुख हमें, सुख देने वालों से।
कभी मरहम ही, ज़ख़्मों का भरोसा तोड़ देते हैं।।

27. पराया कोई आकर कब हमारा दिल दुखाता है

पराया कोई आकर, कब हमारा दिल दुखाता है।
कभी भाई सताता है, कभी बेटा रुलाता है।।

हमारे नाज़ नखरे, माँ-पिता के बाद दुनिया में।
न बीवी ही उठाती है, न बच्चा ही उठाता है।।

सफ़ल होने तलक, है रास्ता काँटों भरा रस्ता।
ज़माना बाद में, फिर राह फूलों से सजाता है।।

भले हो नाक चौड़ी, आँख छोटी, रंग हो काला।
अगर है साफ़ दिल इंसाँ, तो वह चेहरा लुभाता है।।

कि पढ़ लिखकर, उड़ाये प्लेन बेटा पायलट बनकर।
सवेरे से अँधेरे तक, पिता ऑटो चलाता है।।

हमारी साँस है, धड़कन, हमारी जान है बीवी।
वगरना कौन, मरते दम तलक रिश्ता निभाता है।।

कभी यह ख़ून के रिश्ते, हमारा ख़ून पीते हैं।
कभी इक ग़ैर, ख़ूँ देकर हमारी जाँ बचाता है।

ज़मीं वाले, बिगाड़ें तो हमारा, क्या बिगाड़ेंगे।
वहाँ ऊपर भी, कोई है, जो हर बिगड़ी बनाता है।।

मदद के वास्ते, इंसाँ कोई आता नहीं आगे।
कोई जो, आ भी जाये, तो दिलासा ही दिलाता है।।

28. धूप में अबला तगाड़ी ढो रही है

धूप में अबला तगाड़ी ढो रही है।
गोद में मासूम बच्ची रो रही है।।

आप कहते हैं कि उग आया है सूरज।
मुझको लगता है ये दुनिया सो रही है।।

अब तो आँखों से भी कम दिखता है लेकिन।
माँ हमारी सुई में धागा पो रही है।।

फ़ख्र ये, दुनिया ने पाया है बहुत कुछ।
और दुख, इंसानियत को खो रही है।।

मौत मुझको अब गले से तू लगा ले।
ज़िंदगी से तू-तू मैं-मैं हो रही है।।

इक ज़रा सी बात है दिल टूट जाना।
और वो पगली मुसलसल रो रही है।।

बाद में फिर वक़्त का मरहम लगेगा।
ज़ख़्म अश्कों से अभी वो धो रही है।।

29. सितारों के बहारों के गुलों के रागिनी के दिन

सितारों के, बहारों के, गुलों के, रागिनी के दिन।
बहुत होते हैं यारों, ख़ूबसूरत, आशिक़ी के दिन।।

बुझाकर प्यार का, दीपक गई तू रोशनी के दिन।
अँधेरा ज़िंदगी में, हो गया दीपावली के दिन।।

अभी इक तीसरे को, मात देना है इसी ख़ातिर।
यहाँ दो दुश्मनों में, चल रहे हैं दोस्ती के दिन।।

चली जाती है, जैसे धड़धड़ाती रेल छुक छुक छुक।
इसी स्पीड में, गुज़रे हमारी ज़िंदगी के दिन।।

हमें दुख दर्द ने, घेरा है लेकिन जानते हैं हम।
हमेशा एक से, होते नहीं हैं आदमी के दिन।।

लड़कपन औ'र जवानी, तो गवाँ देते हैं मस्ती में।
गुज़रते हैं, भजन पूजन में, केवल आख़िरी के दिन।।

नहीं हैं दाँत मुँह में, सामने है इक चने की प्लेट।
इसी को बोलते हैं, आदमी की बेबसी के दिन।।

मेरे बच्चों पे, मुझको इसलिये भी फ़ख्र होता है।
दिखाये हैं मेरी, आँखों को केवल रोशनी के दिन।।

कि देखा एक मँडराते हुये भँवरे को बगिया में।
मुझे फिर याद आये, वो मेरी आवारगी के दिन।।

तेरे घर भी थे कुछ मेहमाँ, मेरे घर भी थे कुछ मेहमाँ।
तेरी डोली उठी थी, एक मेरी मौत ही के दिन।।

यहाँ ग़ज़लों की दुनिया में, अभी 'देवेश' ज़िंदा है।
अभी से बोलिये मत, लद गये हैं शाइरी के दिन।।

30. घूँघट जब सरकाया होगा

घूँघट जब सरकाया होगा।
चाँद बहुत शर्माया होगा।।

कब सोचा था वह अंजाना।
इक दिन मेरा साया होगा।।

इतनी पावन तुझको जैसे।
गंगा में नहलाया होगा।।

मस्त बहारों के मौसम में।
यौवन ने तड़पाया होगा।।

कितने दिल उलझे होंगे जब।
बालों को सुलझाया होगा।।

चहक उठी हैं फिर ये चिड़ियाँ।
फिर कंगन खनकाया होगा।।

तेरे मन उपवन को मेरी।
यादों ने महकाया होगा।।

फिर मेरी तस्वीर से तूने।
दिल अपना बहलाया होगा।।

चूमा होगा नर्म लबों से।
फिर माथा सहलाया होगा।।

दीद न जो तेरा कर पाये।
शख़्स वही पछताया होगा।।

'देव' तेरे इस भोलेपन ने।
पत्थर भी पिघलाया होगा।।

31. पीते-पीते लड़खड़ाते-लड़खड़ाते कट गई

पीते-पीते लड़खड़ाते-लड़खड़ाते कट गई।
ज़िंदगानी डगमगाते-डगमगाते कट गई।।

और फिर ऐसा हुआ इक जन्मदिन के जश्न में।
एक मुर्गी फड़फड़ाते-फड़फड़ाते कट गई।।

आपके हाथों में था यह हाथ मेरा इसलिये।
ज़िंदगानी मुस्कुराते-मुस्कुराते कट गई।।

और अधनंगों की खादीधारियों के सामने।
उम्र सारी गिड़गिड़ाते-गिड़गिड़ाते कट गई।।

झुग्गियों की ज़िंदगी में बस अँधेरा ही रहा।
बिल्डिंगों की जगमगाते-जगमगाते कट गई।।

और उस बुढ़िया की जो बाक़ी बची थी ज़िंदगी।
खाट पर ही बड़बड़ाते-बड़बड़ाते कट गई।।

शख़्स वो जल्दी में रहता था हमेशा इसलिये।
उम्र सारी हड़बड़ाते-हड़बड़ाते कट गई।।

कोई शायद खोल दे, यह ज़िंदगी इस आस पर।।
द्वार दिल के खटखटाते-खटखटाते कट गई।

32. एक-एक कर बबलू पप्पू राजू औ'र बंटी ग़ायब

एक-एक कर, बबलू पप्पू, राजू औ'र बंटी ग़ायब।
वक़्त बुरा आया तो, अपने सब संगी, साथी ग़ायब।।

महँगाई जादूगरनी का, जादू अजब निराला है।
पलक झपकते ही मुफ़लिस की, थाली से रोटी ग़ायब।।

फ़ैशन दीदी ने पहना दी, जींस-टॉप कन्याओं को।
लुप्त हुई पैरों से पायल, काँधों से चुनरी ग़ायब।।

ए नेताजी जनता को भी, आता है जादू का फ़न।
जनता के करतब ने कर दी, कईयों की कुर्सी गायब।।

इक बच्चे के सर से साया, माँ बाबा का नहीं उठे।
पौधा कैसे पनपेगा, जब हो जाये मिट्टी ग़ायब।।

भोगेंगे वनवास न रिश्ते और न ये बिखरेंगे घर।
अगर मन्थरायें हो जायें, हो जायें शकुनी ग़ायब।।

ख़बरें ऐसी भी मिल जाती, हैं अक्सर ही सुनने को।
सुनकर पैरों के नीचे से, हो जाये धरती ग़ायब।।

दो पहिये हैं शौहर बीवी लेकिन साथ चलें कैसे।
आपस में गर तालमेल की, हो जाये पटरी ग़ायब।।

यह कहते हैं चारागर ही, होता है इक और खुदा।
लेकिन इक सर्जन साहब ने, कर डाली किडनी ग़ायब।।

'देव' हुये आकार घरों के, इतने छोटे अब घर से।
ताया-ताई चाचा चाची, दादा औ'र दादी ग़ायब।।

33. राहू-केतू की दशा है ख़्वाहिशों के बीच में

राहू-केतू की दशा है, ख़्वाहिशों के बीच में।
ज़िंदगी उलझी हुई है, राशियों के बीच में।।

मुल्क़ की रखवालियाँ, तो सौंप दी हैं इस तरह।
जैसे मक्खन रख दिया हो, बिल्लियों के बीच में।।

मुश्किलों के दरमियाँ, हम यूँ खड़े थे दोस्तों।
जल रहा हो दीप जैसे, आँधियों के बीच में।।

ज़िंदगी बारूद के, इक ढेर जैसी हो गई।
ढेर भी ऐसा कि जो है तीलियों के बीच में।।

आपका है जन्मदिन, तो मंदिरों में जाइये।
मयक़दों में बैठिये मत, बोतलों के बीच में।।

गर धरातल पर नहीं, दिख पा रहीं, हमको तो क्या।
योजनायें चल रही हैं, क़ाग़ज़ों के बीच में।।

उम्र ऐसी है, उलझ जाता है, यह नादान दिल।
कंगनों के झुमकियों के, पायलों के बीच में।।

याद हमको आ गया, जयचंद गुज़रे दौर का।
यार जब अपना दिखा, इक दुश्मनों के बीच में।।

आ गया मौसम अगर रोने का रोने दीजिये।
छोड़ दो हमको अकेला, आँसुओं के बीच में।।

जन लुभावन योजनायें, लायें आगे कौन सी।
मंत्रणा यह चल रही है, मंत्रियों के बीच में।।

जन्म लेकर इस किनारे, उस किनारे मौत तक।
है कठिन जीवन बड़ा, दो साहिलों के बीच में।।

34. भरी महफ़िल में इज़्ज़त का तमाशा हो रहा है अब

भरी महफ़िल में इज़्ज़त का तमाशा हो रहा है अब।
कि घुँघरू बाँध कर पैरों में मुजरा हो रहा है अब।।

बड़ा ही बोझ था, इक बाप बूढ़ा, अपने बच्चों पर।
मरा तो सिर्फ़ रोने का, दिखावा हो रहा है अब।।

कभी बचपन में, इक आँगन था, दोनों भाई का आँगन।
बड़े होते ही, उस आँगन का, हिस्सा हो रहा है अब।।

मुसीबत हो बड़ी कितनी, मुसीबत से निकालेगा।
मेरे भगवान पर, मुझको भरोसा हो रहा है अब।।

बिलक कर रो रहा था औ'र लिखाई थी रपट जिसने।
वही क़ातिल है भाई का, ख़ुलासा हो रहा है अब।।

तुम्हें जब चोट लगती है, तो मुझको दर्द होता है।
तुम्हारा और मेरा प्यार, गहरा हो रहा है अब।।

निकल आये हैं नीड़ों से, परों को खोलकर पंछी।
अँधेरा छँट गया है औ'र उजाला हो रहा है अब।।

हमें मालूम है सौ फ़ीसदी, यह टूट जायेगा।
वहाँ माइक से जो, इक और वादा हो रहा है अब।।

कभी सोचा था धंधे में, कफ़न के है बहुत घाटा।
कि दंगों ख़ूँ ख़राबों में, मुनाफ़ा हो रहा है अब।।

35. तुम्हारे दिल में जो हमको ठिकाना मिल गया होता

तुम्हारे दिल में जो हमको ठिकाना मिल गया होता।
हमें भी मुस्कुराने का बहाना मिल गया होता।।

वो बेचारा भला फिर क्यों शहर की छानता गलियाँ।
उसे जो गाँव में ही आबोदाना मिल गया होता।।

हमें यह मिल्कियत हरगिज़ नहीं मिलती विरासत में।
बुज़ुर्गों की दुआओं का ख़ज़ाना मिल गया होता।।

नये दस दोस्तों की दोस्ती पर एक है भारी।
अगर साथी कोई हमको पुराना मिल गया होता।।

दही घी दूध मक्खन बाजरे औ'र ज्वार की रोटी।
मेरे बच्चों को भी मुझसा ज़माना मिल गया होता।।

ये आँखें थक चुकी हैं ख़ूँ-ख़राबा देखकर हरसू।
इन आँखों को कोई मंज़र सुहाना मिल गया होता।।

36. यह निराशा से भरा बस दो घड़ी का रास्ता

यह निराशा से भरा बस दो घड़ी का रास्ता।
लोग चुन लेते हैं कैसे ख़ुदकुशी का रास्ता।।

रास्ता बिल्ली अकेली ही नहीं है काटती।
आदमी भी काटता है आदमी का रास्ता।।

है बहुत लंबी नहीं यह राह मेरे दोस्तों।
यह हमारी ज़िंदगी है दो घड़ी का रास्ता।।

चल पड़ा मैं तीरगी में तब कहीं यह सर हुआ।
हौले-हौले रफ़्ता-रफ़्ता रोशनी का रास्ता।।

और कब तक दुश्मनी की राह पर चलते रहें।
आओ हम मिलकर निकालें दोस्ती का रास्ता।।

आप का यह रास्ता कट जायेगा सुख से अगर।
आप चुन लें ईश्वर की बंदगी का रास्ता।।

वह जिसे दरिया समझता है निकलता है सराब।
जिसकी क़िस्मत में लिखा है तिश्नगी का रास्ता।।

ज़िंदगी में एक रस्ता दर्द का भी है मगर।
ऐ ख़ुदा हासिल सभी को हो ख़ुशी का रास्ता।।

आप मेरी ज़िंदगी में आ गये तो यूँ हुआ।
हो गया है ख़ूबसूरत ज़िंदगी का रास्ता।।

एक रस्ता आपके घर की तरफ़ जाता है 'देव'।
आप जो चाहो तो चुन लो वापसी का रास्ता।।

37. जो तपते रेग़ज़ारों में चमन आबाद करता है

जो तपते रेग़ज़ारों में चमन आबाद करता है।
ज़माना उस फरिश्ते को हमेशा याद करता है।।

ये मुस्तक़बिल हमारा है हमारे हाथ में लेकिन।
कोई आबाद करता है कोई बर्बाद करता है।।

हमें मिलते हैं अपनी ज़िंदगी में हर तरह के लोग।
कोई दिल शाद करता है कोई नाशाद करता है।।

कि एक याचक को इक शासक से मिलवा तो दिया लेकिन।
कोई गूँगा किसी बहरे से कब संवाद करता है।।

चली आओ तो फिर ऐसे कि हम तुम एक हो जायें।
समंदर इक नदी से बस यही फ़रियाद करता है।।

दवाओं का भले निर्माण इनसे हो नहीं पाये।
मगर हथियार अब हर मुल्क़ ही ईज़ाद करता है।।

38. हमको वो गुज़रा ज़माना याद है

हमको वो गुज़रा ज़माना याद है।
गाँव का इक घर पुराना याद है।।

वह सवेरे पंछियों का शोरगुल।
और गायों का रँभाना याद है।।

कैत की चटनी कलौंजी आम की।
और नींबू का अथाना याद है।।

आग चूल्हे की कभी बुझती न थी।
पाहुनों का आना-जाना याद है।।

तिल-बिजौरी पापड़ी उड़दा-बरी।
माँ तेरा छत पर सुखाना याद है।।

तब नहीं होती थी बिजली गाँव में।
लालटेनों का जलाना याद है।।

कोई कारज तीज या त्यौहार हो।
हाथ हर इक का बँटाना याद है।।

सांझ ढल जाये तो तुलसी कोट पर।
माँ तेरा दीपक जलाना याद है।।

आ पड़े जब एक घर में ब्याह तो।
गाँव दुल्हन सा सजाना याद है।।

उन ठिठुरती सर्द ठंडी रातों में।
वो अलावों का जलाना याद है।।

गाय के गोबर से आँगन लीपना।
छत कवेलूओं से छाना याद है।।

जेठ जी हों सामने या हों ससुर।
हाथ भर घूँघट गिराना याद है।।

गाँव की खद्दर सी कच्ची राह पर।
बैल-बग्घी का चलाना याद है।।

कैत - कवीट
अथाना - अचार
कलौंजी - कच्चे आम से बना स्वादिष्ट पेय पदार्थ
पाहुनों - महमानों

39. मैं तेरे नज़दीक आया, रो पड़ा

मैं तेरे नज़दीक आया, रो पड़ा।
जब गले तूने लगाया, रो पड़ा।।

एक अरसे बाद जब मुझसे मिला।
देखकर वह मुस्कुराया, रो पड़ा।।

अश्क़ अपने हाथ से पोंछे मेरे।
फिर गले मुझको लगाया, रो पड़ा।।

रूठ कर बैठा हुआ था आपसे।
आपने इतना मनाया, रो पड़ा।।

बेवफ़ा सिंदूर तूने ग़ैर का।
माँग में अपनी सजाया, रो पड़ा।।

बाप ने फिर हाथ फेरा प्यार से।
और डोली में बिठाया, रो पड़ा।।

अश्क़ आँखों से झमाझम बह गये।
आपने इतना हँसाया, रो पड़ा।।

इक जनाज़ा बाप के काँधे पे था।
शख़्स हर मैयत में आया, रो पड़ा।।

वक़्ते रुख़सत 'देव' फिर ऐसा हुआ।
वह पलट कर दौड़ आया, रो पड़ा।।

40. गर्मजोशी लिये वह मिला भी नहीं

गर्मजोशी लिये वह मिला भी नहीं।
देख कर मुझको चेहरा खिला भी नहीं।।

शम्स सा मैं अकेला ही रोशन रहा।
कोई था साथ में क़ाफ़िला भी नहीं।।

किसको फुर्सत है जो ख़ैरियत पूछ ले।
मिलने जुलने का अब सिलसिला भी नहीं।।

मैं मुक़ाबिल खड़ा ही रहा झूठ के।
मैं डिगा भी नहीं मैं हिला भी नहीं।।

एक गदराये फल सी है फ़ितरत मेरी।
मैं कड़क भी नहीं पिलपिला भी नहीं।।

ऐ मुक़द्दर मैं तुझसे नहीं शाद भी।
पर मुझे तुझसे कोई गिला भी नहीं।।

मुझको बदले में बस बेवफ़ाई मिली।
और यही आशिक़ी का सिला भी नहीं।।

41. इक बचपन को रोते देखा

इक बचपन को रोते देखा।
होटल में कप धोते देखा।।

दानव जाग रहे हैं सारे।
देव - गणों को सोते देखा।।

इक निर्मम बेटे के हाथों।
क़त्ल पिता का होते देखा।।

एक अभागन माँ को अक्सर।
चुपके-चुपके रोते देखा।।

पहले पाप किये जी भर कर।
फिर गंगा में धोते देखा।।

काँप रहे बूढ़े काँधों को।
घर का बोझा ढोते देखा।।

अपनों की राहों में काँटे।
ख़ुद अपनों को बोते देखा।।

मानव की दुनिया में हमने।
मानवता को खोते देखा।।

और तुम्हें हम क्या बतलायें।
हमने क्या क्या होते देखा।।

'देव' दुराचारी लोगों को।
मुँह पर कालिख पोते देखा।।

42. दर्द के गीत गाने की आदत नहीं

दर्द के गीत गाने की आदत नहीं।
हमको आँसू बहाने की आदत नहीं।।

भोग सम्मान का मत लगाओ उन्हें।
जिनको इज़्ज़त पचाने की आदत नहीं।।

मुल्क़ की डोर उनके ही हाथों में है।
जिनको वादे निभाने की आदत नहीं।।

जिनसे दिल ही न अपना मिले दोस्तों।
हाथ उनसे मिलाने की आदत नहीं।।

हम मोहब्बत करें भी तो कैसे करें।
रूठने औ'र मनाने की आदत नहीं।।

चलते फिरते ही करते रहे नेकियाँ।
रोज़ मंदिर में जाने की आदत नहीं।।

आपको चाहिये हम क़सीदे पढ़ें।
हमको मक्खन लगाने की आदत नहीं।।

हमको आता है तीरों से बचना हमें।
खुद निशाने पे आने की आदत नहीं।।

उनके हाथों में मत सौंपिये चाबियाँ।
जिनको ताले लगाने की आदत नहीं।।

सिर्फ़ भगवान के आगे झुकता है यह।
हर कहीं सर झुकाने की आदत नहीं।।

'देव' दिल में जो हम इक दफ़ा आ गये।
लौट कर हम को जाने की आदत नहीं।।

43. राम के आदर्श गीता ज्ञान के दर्शन करें

राम के आदर्श गीता ज्ञान के दर्शन करें।
माँ पिता के रूप में भगवान के दर्शन करें।।

पोंछ कर आँसू सदा इक-दूसरे के भाईयों।
एक दूजे की मधुर मुस्कान के दर्शन करें।।

द्वार जैसे आ गया हो देवता चलकर स्वयं।
आप ऐसे भाव से मेहमान के दर्शन करें।।

इक तमन्ना थी हमारी जो अधूरी रह गई।
काश हम हर शख़्स में ईमान के दर्शन करें।।

राह उसकी जानिये निश्चित पतन की ओर है।
आप जिस इंसान में अभिमान के दर्शन करें।।

जब शहर से ऊब जाता हूँ तो कहता है ये दिल।
गाँव जाकर खेत के खलिहान के दर्शन करें।।

'देव' हर इक माँ-पिता की कामना होती है यह।
राम जैसी श्याम सी संतान के दर्शन करें।।

44. घर हमारे एक बूढ़ा खाँसता अक्सर रहा

घर हमारे एक बूढ़ा, खाँसता अक्सर रहा।
वह हमें नादानियों पर, डाँटता अक्सर रहा।।

मैं शहर में बस गया तो गाँव पुश्तैनी मेरा।
ख़्वाब में आ-आ के मुझको, चूमता अक्सर रहा।।

हो अगर दुश्मन भी मेरा, कष्ट मत देना उसे।
मैं दुआ परमात्मा से, माँगता अक्सर रहा।।

इक तुम्हारी याद, आँखों को नमी देती रही।
एक यह रुमाल, मेरा भीगता अक्सर रहा।।

इक मदारी की तरह क़िस्मत नचाती ही रही।
इक जमूरे की तरह मैं नाचता अक्सर रहा।।

मैं ख़ुशी में हो नहीं पाया अगर शामिल तो क्या।
दर्द लेकिन मैं सभी के, बाँटता अक्सर रहा।।

इक दिखावा यह कि हम से कोई मतलब ही नहीं।
और घर में भी हमारे, झाँकता अक्सर रहा।।

बस इसी उम्मीद पर, ये कल हरे हो जायेंगे।
ख़्वाब अपने आँसुओं से, सींचता अक्सर रहा।।

यह मेरी दरियादिली ही, मेरी दुश्मन हो गई।
जो मिला आँसू दिखाकर, लूटता अक्सर रहा।।

आँख में मंज़िल भी थी, चलते भी जाना था मुझे।
और जूता पाँव का भी, काटता अक्सर रहा।।

जो छुपा है मेरे अंदर, बस उसी व्यवहार को।
जब जहाँ जिस से मिला, मैं ढूँढता अक्सर रहा।।

और दुखड़ा क्या सुनायें, एक बिल्ली की तरह।
रास्ता दुर्भाग्य मेरा, काटता अक्सर रहा।।

मैं कभी उम्मीद लेकर, उस हवेली पर गया।
एक कुत्ता गेट पर ही, भोंकता अक्सर रहा।।

45. तुम डरे सहमे हुए जलयान में बैठे रहे

तुम डरे सहमे हुये जलयान में बैठे रहे।
हम मगर हँसते हुये तूफ़ान में बैठे रहे।।

मुश्किलों की ख़्वाहिशें थी ख़ूब भटकातीं हमें।
हम मगर परमात्मा के ध्यान में बैठे रहे।।

ये ज़रूरत खेंच कर मुझको शहर तक ले गई।
माँ पिता बूढ़े मेरे दालान में बैठे रहे।।

जब तुम्हारी याद आई तो शहर से दूर हम।
पेड़ के नीचे कहीं सुनसान में बैठे रहे।।

लोग जो चालाक थे लेते रहे वह फ़ायदा।
और जो भोले थे वह नुकसान में बैठे रहे।।

हो भी जाता देवता संभावनायें कम न थी।
ऐब लेकिन मुख़्तलिफ़ इंसान में बैठे रहे।।

सेठ जी तुमको सिवा व्यापार के आता है क्या।
तुम तो सारी उम्र ही दूकान में बैठे रहे।।

46. जैसे कोई चिड़िया अच्छी लगती है

जैसे कोई चिड़िया अच्छी लगती है।
मुझको ऐसे दुनिया अच्छी लगती है।।

जब से बाप बना हूँ मैं इक बेटी का।
बस्ती की हर बिटिया अच्छी लगती है।।

माँ होती तो बिल्कुल ऐसी ही दिखती।
मंदिर जाती बुढ़िया अच्छी लगती है।।

माँ के हाथों में पावन जल का लोटा।
फूलों वाली डलिया अच्छी लगती है।।

काश कि हम भी सोते बेपरवाही से।
इक बच्चे की निंदिया अच्छी लगती है।।

मुझको मेरी बेटी के इन नन्हे से।
हाथों में इक गुड़िया अच्छी लगती है।।

तेरे होंठ तेरी आँखें तेरा माथा।
औ'र माथे पर बिंदिया अच्छी लगती है।।

मस्ती वाली अल्हड शोख़ जवानी में।
छम छम करती छमिया अच्छी लगती है।।

47. मन के पावन दिल के सच्चे लोगों से

मन के पावन दिल के सच्चे लोगों से।
देश भरा है मेरा ऐसे लोगों से।।

मेरे यार हमेशा तुम बच कर रहना।
शक्कर से भी ज़्यादा मीठे लोगों से।।

एक अना दिखती है उनके चेहरे पर।
मैं जब भी मिलता हूँ ऊँचे लोगों से।।

इल्म लिया है ख़ूब किताबों से तुमने।
चंद तजुर्बे ले लो बूढ़े लोगों से।।

मुझको लगने लगती है दुनिया अच्छी।
जब मिलता हूँ सीधे सादे लोगों से।।

छोटा हूँ पर सर ऊँचा कर बातें की।
मैंने अक्सर क़द के लम्बे लोगों से।।

कैसे प्यार किया जाता है यह सीखा।
मैं जब मिल बैठा कुछ प्यारे लोगों से।।

48. लम्हा लम्हा जवानी फिसलती है क्यों

लम्हा लम्हा जवानी फिसलती है क्यों।
धीरे धीरे बुढ़ापे में ढलती है क्यों।।

उम्र बारह से अठराह के बीच में।
एक हसरत सी दिल में मचलती है क्यों।।

बाढ़ भूकंप तूफ़ान ज्वालामुखी।
इतने शोले ये धरती उगलती है क्यों।।

मोम भी यह नहीं बर्फ़ भी यह नहीं।
माँ तुम्हारी ये ममता पिघलती है क्यों।।

जब कभी वक़्त हम पर बुरा आ पड़े।
रंग पल में ये दुनिया बदलती है क्यों।।

जब हिमालय से निकली है गंगा तो फिर।
मेरी आँखों से गंगा निकलती है क्यों।।

आपको देखकर मेरे दिल में ख़ुशी।
एक बच्ची के जैसी उछलती है क्यों।।

'देव' आकर तेरी याद हर इक सहर।
मेरे कूचा ए दिल में टहलती है क्यों।।

49. हाथ फैलाते हैं यह जाते नहीं हैं काम पर

हाथ फैलाते हैं यह जाते नहीं हैं काम पर।
चाहिये ख़ैरात इनको बस ख़ुदा के नाम पर।।

आज भी ईमान सस्ता है भरी महँगाई में।
आप चाहो तो ख़रीदो कोड़ियों के दाम पर।।

काश यह मुस्लिम नहीं कोसें हमारे राम को।
और हिंदू मत उठायें उँगलियाँ इस्लाम पर।।

मैं तुम्हारे काबा पे माथा झुकाने चल दिया।
तुम जलाकर आओ दीपक मेरे अक्षरधाम पर।।

अब चुनावों के बहुत नज़दीक दिन हैं आ गये।
दौर अब चलने लगे इल्ज़ामों के इल्ज़ाम पर।।

आज संसद में छिड़ी महँगाई पर औ'र इक बहस।
हाँ मगर पहुँचा नहीं मुद्दा ये फिर अंजाम पर।।

सबको है मालूम क़ातिल है वही बाहूबली।
दर्ज थाने में है लेकिन केस इक गुमनाम पर।।

वह तो था परदेस में करता सिवा रोने के क्या।
'चल बसे तेरे पिताजी' माँ के इस पैग़ाम पर।।

50. दिल की बस्ती में तुझको बसायेंगे हम

दिल की बस्ती में तुझको बसायेंगे हम।
नाज़ नखरे तेरे सब उठायेंगे हम।।

धीरे-धीरे मुहब्बत का होगा असर।
हौले-हौले से दिल को चुरायेंगे हम।।

आईना अब ज़रा प्यार से देखना।
आईने में खड़े मुस्कुरायेंगे हम।।

राह तेरी ये रोशन रहे इसलिये।
दीप बनकर सदा जगमगायेंगे हम।।

रात छत पर से जब चाँद देखोगे तुम।
चाँद के अक्स में झिलमिलायेंगे हम।।

ख़्वाब में भी न चश्मे खिज़ा हो तुम्हें।
फूल कलियों से बिस्तर सजायेंगे हम।।

अबके सावन बरसना ज़रा प्यार से।
प्यार की बारिशों में नहायेंगे हम।।

तुम जो आँचल उड़ा दो ज़रा प्यार से।
बन के ख़ुशबू फ़ज़ाओं में छायेंगे हम।।

गीत बनकर ख़यालों में चलती रहो।
दिल की आवाज़ से गुनगुनायेंगे हम।।

छू नहीं पायें दुख-दर्द साया तेरा।
रोज़ मंदिर में दीपक जलायेंगे हम।।

ऐ सितारों ज़मीं पे तो बरसो ज़रा।
माँग तारों से उनकी सजायेंगे हम।।

क्या तुम्हारी मोहब्बत के क़ाबिल भी हैं।
इसलिये ख़ुद को ही आज़मायेंगे हम।।

'देव' क्या तुमको उपहार देगा प्रिये।
बस दुआओं को ही सर झुकायेंगे हम।।

51. रोकने को चल रही थीं आँधियों पर आँधियाँ

रोकने को चल रही थीं, आँधियों पर आँधियाँ।
हम बराबर चढ़ रहे थे, सीढ़ियों पर सीढ़ियाँ।।

उम्र आधी कट गई है, फ़ैसले की आस में।
पर अदालत दे रही है, पेशियों पर पेशियाँ।।

'हारना' अल्फ़ाज़ उनके, शब्द-संग्रह में नहीं।
जीतनी आती हैं जिनको, बाज़ियों पर बाज़ियाँ।।

अब नज़र हरियालियाँ, आती नहीं हैं दूर तक।
हर तरफ़ ही बस गई हैं, बस्तियों पर बस्तियाँ।।

क़ौम मज़हब जातियों, आरक्षणों के नाम पर।
सिंक रही हैं राजनीतिक, रोटियों पर रोटियाँ।।

लाड़ले को नींद, आ जाये सुकूँ से इसलिये।
जागकर माँ दे रही है, थपकियों पर थपकियाँ।।

गीत इक कोने में, बैठा है उदासी ओढ़ कर।
चुटकुलों को मिल रही हैं, तालियों पर तालियाँ।।

उस सरीखा कौन दूजा, है मुक़द्दर का धनी।
बख़्श दीं जिसको ख़ुदा ने, बेटियों पर बेटियाँ।।

हादसे के बाद जब, इक जाँच बैठाई गई।
तो उजागर हो गईं सब, ख़ामियों पर ख़ामियाँ।।

आदमी के बीच की, नज़दीकियाँ घटने लगीं।
बढ़ रही हैं दरमियाँ अब, खाईयों पर खाईयाँ।।

तब जवानी बोटियों पर, बोटियाँ खाती रही।
अब बुढ़ापा खा रहा है, गिलकियों पर गिलकियाँ।।

52. हाय रे कैसा ज़माना आ गया

हाय रे कैसा ज़माना आ गया।
राई का पर्बत बनाना आ गया।।

बस ज़रा सी धूप को हम सह गये।
देखिये मौसम सुहाना आ गया।।

द्वार दिल के खोल डाले आपने।
यानि अपना क़ैद ख़ाना आ गया।।

हर ख़ता को माफ़ हम करते गये।
बीच में जब दोस्ताना आ गया।।

अब दिखेगा दूर तक हमको धुआँ।
अब यहाँ इक कारख़ाना आ गया।।

आदमी के बोल कर्कश ही रहे।
पंछियों को चहचहाना आ गया।।

बाग़ में मदमस्त भँवरा देखकर।
याद इक गुज़रा ज़माना आ गया।।

चल चलें बचपन में वापस लौटकर।
यार अपना इक पुराना आ गया।।

53. कभी सोचा न था इतना दिलों में फ़ासला होगा

कभी सोचा न था इतना दिलों में फ़ासला होगा।
जिसे हम चाहते थे टूटकर वो बेवफ़ा होगा।।

कि अपना घर बनाने काट डाला पेड़ जो तुमने।
न जाने कौन सी चिड़िया का उसमें घोंसला होगा।।

वहाँ कुछ लोग अपने हाथ सेकेंगे सवेरे से।
जहाँ कल रात दंगों में किसी का घर जला होगा।।

नहीं ऐसा नहीं होता कि सब कुछ ख़त्म हो जाये।
अगर इक बंद है तो दूसरा रस्ता खुला होगा।।

लगा तो आये हो अर्ज़ी अदालत में मेरे भाई।
गुज़र जायेंगी लेकिन पीढ़ियाँ तब फ़ैसला होगा।।

अचानक हादसे से इस तरह मेरा निकल आना।
यक़ीनन पुण्य कोई कर्म ही मुझको फला होगा।।

अगर हम ले नहीं पाये सबक छोटी सी घटना से।
किसी दिन पेश अपने सँग बड़ा इक हादसा होगा।।

ख़बर सुनते ही जिस हालत में भी होगा मेरा भाई।
उसी हालत में मेरे वास्ते घर से चला होगा।।

54. दिल का कोई ठौर ठिकाना होता है

दिल का कोई ठौर ठिकाना होता है।
आ जाता है जिस पर आना होता है।।

हर मंज़िल मिल जाती है आसानी से।
बस रस्ते से ख़ार हटाना होता है।।

फूल सजीले ख़ार कटीले मिलते हैं।
सबसे ही संबंध निभाना होता है।।

चार बहाने मरने के हैं पास अगर।
जीने का भी एक बहाना होता है।।

हर इंसाँ पर होती है ज़िम्मेदारी।
हर इंसाँ को भार उठाना होता है।।

वरना पैदा कर देता है पेट अपच।
उतना खाओ जितना खाना होता है।।

सबकी अपनी एक कहानी होती है।
सबका अपना एक फ़साना होता है।।

और नहीं देने को इनके पास मगर।
आशीषों का एक ख़ज़ाना होता है।।

आप कभी झाँको इन बूढ़ी आँखों में।
इन आँखों में एक ज़माना होता है।।

रोक सका है कौन भला यारों उसको।
चल देता है जिसको जाना होता है।।

हर इक दिल में रह जाती है फाँस धँसी।
हर इक दिल में दर्द पुराना होता है।।

55. मच रहा दुनिया में हाहाकार चारों ओर है

मच रहा, दुनिया में हाहाकार चारों ओर है।
भुखमरी, महँगाई, भ्रष्टाचार, चारों ओर है।।

यह अमीरी, खा रही है बोटियों पर बोटियाँ।
औ'र ग़रीबी, भूख से लाचार चारों ओर है।।

बस भटकता, फिर रहा है हाथ में डिग्री लिये।
यह हमारा नौजवाँ, बेगार चारों ओर है।।

बेईमानों, डाकुओं, चोरों, लुटेरों की यहाँ।
जिस तरफ़ भी देखिये, भरमार चारों ओर है।।

सोचिये मत, बेसबब, क्यों दे गया गाली हमें।
अब ज़माने में यही, व्यवहार चारों ओर है।।

ये रिआया, है परेशाँ इसलिये सरकार अब।
इक नये बदलाव की, हुंकार चारों ओर है।।

एक दिन, निकलेगी यह दुनिया महावे जंग पर।
हो रही तलवार में, अब धार चारों ओर है।।

आज तक, भगवान को देखा नहीं हमने मगर।
माँ तुम्हारी शक़्ल में, अवतार चारों ओर है।।

फूल की बगिया में, ख़ुशियों से उछलता बचपना।
सोचता है इस जहाँ में, प्यार चारों ओर है।।

56. हल्की फुल्की खट्टी मीठी सी तक़रार ज़रूरी है

हल्की-फुल्की, खट्टी-मीठी सी तक़रार ज़रूरी है।
लेकिन शौहर बीवी के, रिश्तों में प्यार ज़रूरी है।।

वरना इस पर उस पर, आता जाता रहता है यारों।
अपने इस आवारा दिल का, इक हक़दार ज़रूरी है।।

आकर बैठा हूँ राहत की, साँस ज़रा लेने तो दो।
आते से ही फ़रमाइश का, क्या अंबार ज़रूरी है।।

उनकी एक शिकायत सातों, दिन हम वक़्त नहीं देते।
यानी पटवारी के हिस्से, में इतवार ज़रूरी है।।

मुझको इतना भर बतला दो, ओ मेरी रानी बीवी।
छोटी छोटी सी बातों पर, क्या जलधार ज़रूरी है।।

अपने भी अंदर तो झाँको, क्यों तक़रारें होती हैं।
ग़लती मेरी ही रहती हो, क्या हर बार ज़रूरी है।।

मेरी अपनी माँ की निंदा, ख़ुद मुझसे करने वाली।
क्या इक माँ के बेटे पर, यह अत्याचार ज़रूरी है।।

रौनक़ रहती है अपनों के, आते जाते रहने से।
घर आये मेहमानों का, आदर सत्कार ज़रूरी है।।

57. रब से माँगो दुआ हर किसी के लिये

रब से माँगो दुआ हर किसी के लिये।
आदमी हो जियो आदमी के लिये।।

रात सारी अँधेरों से लड़ता रहा।
इक अकेला दिया रोशनी के लिये।।

आप इतनी हो मेरे लिये क़ीमती।
है दिया जैसे इक आरती के लिये।।

आप दुल्हन सी सज कर चली आईये।
मेरी पलकों की इस पालकी के लिये।।

पान सिगरेट ज़र्दा सुपारी बिड़ी।
शौक़ क्या ख़ूब हैं ख़ुदकुशी के लिये।।

एक तुम ही सुख़न के नहीं बादशाह।
हम भी मशहूर हैं शाइरी के लिये।।

ऐसी मसरूफ़ियत है कि फ़ुर्सत नहीं।
दो नफ़स के लिये दो घड़ी के लिये।।

याद आते हैं ख़ुशबू से भीगे वो दिन।
पत्र लिखते थे जब प्रेयसी के लिये।।

जान लेनी पड़े जान ले लीजिये।
जान दे भी दियो दोस्ती के लिये।।

अब अकेले बसर अपनी होती नहीं।
साथ इक चाहिये ज़िंदगी के लिये।।

कशमकश है बहुत ज़िंदगी में मगर।
याद रब को करो दो घड़ी के लिये।।

एक पत्थर हैं हम जो न परखे गये।
वरना हीरा हैं हम पारखी के लिये।।

'देव' जब जब भी यह हाथ मेरे उठें।
तो उठें रब तेरी बंदगी के लिये।।

58. उन आँखों पर अब भी रोना आता है

उन आँखों पर अब भी रोना आता है।
उन बातों पर अब भी रोना आता है।।

तब भी रोते थे अपने हालातों पर।
हालातों पर अब भी रोना आता है।।

वक़्ते-रुख़सत भी मुझ को ज़िंदा रख्खा।
उन साँसों पर अब भी रोना आता है।।

जो नाज़ुक शीशों के जैसे टूट गये।
उन वादों पर अब भी रोना आता है।।

जाने क्या है इन बारिश की बूँदों में।
बरसातों पर अब भी रोना आता है।।

दर्द तड़प बेचैनी यादें तन्हाई।
अवसादों पर अब भी रोना आता है।।

लौट चली आईं चौखट से टकराकर।
फ़रियादों पर अब भी रोना आता है।।

तुझ बिन जो रातें गुज़रीं हैं ख़ल्वत में।
उन रातों पर अब भी रोना आता है।।

तूने दी हैं जो अश्क़ों की सौग़ातें।
सौग़ातों पर अब भी रोना आता है।।

59. ऊपर वाले अब तो कर दे तू ख़ुशियों की बरसातें

ऊपर वाले अब तो कर दे तू ख़ुशियों की बरसातें।
बरस रही हैं आँखों आँखों से अश्क़ों की बरसातें।।

इक लड़की के मन पर तब तब ओले पड़ने लगते हैं।
जब जब तन पर होती हैं वहशी नज़रों की बरसातें।।

माँ का आँचल छाता बनकर साया करने लगता है।
जब जब भी होती हैं हम पर दुख दर्दों की बरसातें।।

पाँच बरस में आता है इक बार चुनावों का मौसम।
और झमाझम होने लगती हैं वादों की बरसातें।।

उस इंसाँ में अहंकार की फसल पनपना लाज़िम है।
जिसके घर आँगन में होती हैं नोटों की बरसातें।।

जिन हाथों से ख़ून ख़राबा करने में मशग़ूल रहे।
काश उन्ही हाथों से करते हम फूलों की बरसातें।।

दादी अम्मा ज़िंदा थी तो साँझ-सकारे होती थीं।
चौपाई दोहों श्लोकों और मंत्रों की बरसातें।।

60. दरवाज़े के पीछे से इक झाँका चाँद

दरवाज़े के पीछे से इक झाँका चाँद।
मैंने देखा लेकिन देखा आधा चाँद।।

घंटों बतियाता है हँसकर सखियों से।
कॉलोनी की पुलिया पर इक बैठा चाँद।।

इक दिन मेरी छोटी बहना से मिलने।
मेरे घर पर स्कूटी से आया चाँद।।

उसने अपनी सूरत देखी दर्पन में।
तो दर्पन में चंदा ने ख़ुद देखा चाँद।।

पूनम वाली रात न लौटी जीवन में।
हमसे बिछड़ा तो फिर ऐसा बिछड़ा चाँद।।

रात गगन में हमने जैसा देखा था।
दिन में छत पर देखा बिल्कुल वैसा चाँद।।

दूर गगन वाले चमकीले चंदा में।
दुनिया देख रही है अपना अपना चाँद।।

उस दिन दिल स्पीड से ज़्यादा धड़का था।
जिस दिन सूट गुलाबी तूने पहना चाँद।।

और घुमड़कर बरस पड़े जब बादल तो।
हमने रस्ते में देखा इक भीगा चाँद।।

छत पर बाल सुखाने को वह आया था।
फिर जीने से धीरे धीरे उतरा चाँद।।

जब वह आया इत्र लगाकर महफ़िल में।
तो फूलों से भी ज़्यादा इक महका चाँद।।

61. पहले हम बस्ती जलवाये चल दरिया में डूब मरें

पहले हम बस्ती जलवाये, चल दरिया में डूब मरें।
फिर घड़ियाली अश्क़ बहाये, चल दरिया में डूब मरें।।

एक नगर के इक बस्ती के, हम दोनों रहने वाले।
इक दूजे के काम न आये, चल दरिया में डूब मरें।।

अपने सपने सच हो जायें, इस ख़ातिर इस जनता को।
झूठे सपने ख़ूब दिखाये, चल दरिया में डूब मरें।।

साँझ ढली दर्शन के बहाने, दोनों मंदिर जा पहुँचे।
फिर आपस में नैन लड़ाये, चल दरिया में डूब मरें।।

एक ज़मीं के छोटे से, टुकड़े की ख़ातिर आपस में।
भैया से भैया टकराये, चल दरिया में डूब मरें।।

देख तरक़्क़ी पास पड़ौसी या अपने संबंधी की।
जियरा अपना जल भुन जाये , चल दरिया में डूब मरें।।

62. मजदूरी करते 'हरिया' की हड्डी निकल गई

मजदूरी करते 'हरिया' की हड्डी निकल गई।
उस पर उफ़! इतनी महँगाई चमड़ी निकल गई।।

सोचा दर्द दिखाई देता होगा दुनिया को।
लेकिन यह अफ़सोस कि दुनिया अंधी निकल गई।।

उस इंसाँ का ज़िंदा रहना मरने जैसा है।
जिसके जीते जी इज़्ज़त की अर्थी निकल गई।।

सावन का दुख क्या होता है यह उससे पूछो।
बहना के बिन सूनी जिसकी राखी निकल गई।।

उस दिन अपनी हार का मैंने जश्न मनाया था।
जिस दिन मुझसे आगे मेरी बेटी निकल गई।।

कपड़े मैले होते तो हम ख़ुद ही धो देते।
लेकिन सोच ही अगर किसी की मैली निकल गई।।

वीराना कर डाला देखो अपनी बस्ती को।
लेकिन अब यह ख़ैर मनाओ आँधी निकल गई।।

सोचा था ख़ुद की ख़ातिर भी वक़्त निकालेंगे।
लेकिन ज़ालिम उम्र हमारी जल्दी निकल गई।।

ऐसे भी हैं जिन लोगों की ऐसी ठिठुरन में।
बिना रज़ाई बिन कंबल के सर्दी निकल गई।।

अब आधी कैसी निकलेगी यह अल्ला जाने।
पर ऐशो इशरत से अपनी आधी निकल गई।।

63. आपने ग़ुस्से में फेंका आइना

आपने गुस्से में फेंका आइना।
टूटकर कमरे में बिखरा आइना।।

देर तक करता हूँ ख़ुद से गुफ़्तुगू।
एक मैं हूँ और मेरा आइना।।

आपकी सीरत दिखा दे आपको।
आपने देखा है ऐसा आइना?

इश्क़ ख़ुद पर ही चला आया मुझे।
मैंने देखा और चूमा आइना।।

मैं नज़र ख़ुद से मिला पाया नहीं।
ग़ौर से जब आज देखा आइना।।

अपनी सूरत ख़ुद नज़र आती मुझे।
काश मेरे पास होता आइना।।

64. मुट्ठी भर यह लोग हमें धमकाते हैं

मुट्ठी भर यह लोग हमें धमकाते हैं।
और हज़ारों लाखों हम डर जाते हैं।।

ये ही अपनी बस्ती को जलवाते हैं।
आग बुझाने को ये ही आ जाते हैं।।

वार पलटकर करना आता है जिनको।
हारी बाज़ी को वो ही पलटाते हैं।।

भूखे पेट ढुलाई करते यह लाचार।
खाना कम औ'र गाली ज़्यादा खाते हैं।।

आ-आकर इन आक़ाओं के शहज़ादे।
हम लोगों की बस्ती में मस्ताते हैं।।

मरने वाला कब बाहर का होता है।
अपनी गर्दन अपनों से कटवाते हैं।।

केवल फूल नहीं हँसते हैं खिल-खिल कर।
काँटे भी तो चुभ-चुभ कर मुस्काते हैं।।

शब्द बिखरकर आते हैं मुँह से बाहर।
झूठे इंसाँ अकसर ही हकलाते हैं।।

हम भी रखते हैं छाती छप्पन इंची।
हम भी राणा के वंशज से आते हैं।।

'देव' सियासत बाँह पसारे बैठी है।
अच्छे इंसाँ जाने से क़तराते हैं।।

65. झूठ के पैरों में अब ज़ंजीर होनी चाहिये

झूठ के पैरों में अब ज़ंजीर होनी चाहिये।
और सच के हाथ में शमशीर होनी चाहिये।।

यह रियाया भूख से मरती है तो मरती रहे।
आपको बादाम औ'र अंजीर होनी चाहिये।।

ऐ सियासत कर लिया है मुल्क़ से तूने मज़ाक।
अब ज़रा फितरत तेरी गंभीर होनी चाहिये।।

साँप से यह बच गया तो धर दबोचा नाग ने।
क्या यही इस मुल्क़ की तक़दीर होनी चाहिये।।

खेंचिये मत कैमरे से खेंचियेगा आँख से।
आपके दिल में मेरी तस्वीर होनी चाहिये।।

तुम दिलों में घर बना कर प्रेम से रहने लगो।
बस तुम्हारी इक यही जागीर होनी चाहिये।।

जान मेरी रूह मेरी आत्मा है प्राण है।
'देव' फिर क्यों आपकी कश्मीर होनी चाहिये।।

66. पुराना पेड़ धरती पर उखड़ कर लेट जाता है

पुराना पेड़ धरती पर उखड़ कर लेट जाता है।
बुढ़ापा एक दिन बिस्तर पकड़ कर लेट जाता है।।

वो आँखें किस तरह से, देखती हैं ग़मज़दा मंज़र।
कि जिसका हमसफ़र, उससे बिछड़ कर लेट जाता है।।

कि जीते जी, लचीलापन रखो, तुम अपनी फ़ितरत में।
फिर इक दिन तो, हर इक इंसाँ, अकड़ कर लेट जाता है।।

मुसीबत से, बचा लेती है ममता, इसलिये बच्चा।
किसी भी खौफ़ में, माँ को जकड़ कर, लेट जाता है।।

वो दिन भर धूप से, लड़ता है केवल, दो निवालों को।
वो हर इक शब अँधेरों से, झगड़ कर लेट जाता है।।

67. साथ साया है फिर भी हैं तन्हाईयाँ

साथ साया है फिर भी हैं तन्हाईयाँ।
क्योंकि ख़ामोश रहती हैं परछाईयाँ।।

आप इक दिल में देखो उतरकर ज़रा।
दिल में सागर से गहरी हैं गहराईयाँ।।

चार सू तेरी ख़ुशबू महकती है जब।
छू के आती हैं तुझको ये पुरवाईयाँ।।

आप दुल्हन मेरी काश बन जाईये।
बज रही हैं मेरे दिल में शहनाईयाँ।।

और कुछ देर दिल ये बहलता रहे।
आप लेती रहो यूँ ही अँगड़ाईयाँ।।

उन दिनों गुनगुनाती थी अम्मा मेरी।
आरती मंत्र श्लोक चौपाईयाँ।।

दौड़ते भागते फिर कमाते हैं हम।
फिर कमर तोड़ देती हैं महँगाईयाँ।।

मैं गुनाहों का क्यों छोड़ूँ दामन भला।
मेरी पहचान है मेरी रुसवाईयाँ।।

68. चेहरे की खो गई है मुस्कान धीरे-धीरे

चेहरे की खो गई है मुस्कान धीरे-धीरे।
पत्थर का हो गया है इंसान धीरे-धीरे।।

सब को लुभा रही है आबो-हवा शहर की।
यह गाँव हो चले हैं सुनसान धीरे-धीरे।।

मुफ़लिस तो और मुफ़लिस होते ही जा रहे हैं।
धनवान हो रहे हैं धनवान धीरे-धीरे।।

यह कामयाबी सज कर आती न तश्तरी में।
मिलती है आदमी को पहचान धीरे-धीरे।।

वह सँझले घर के मम्मा वह नीम वाली अम्मा।
इक-एक कर चले सब मेहमान धीरे-धीरे।।

माँ बाप हों गुरु हों या हो बुजुर्ग कोई।
अब घट रहा है सबका सम्मान धीरे-धीरे।।

यह हो रहा है क्या क्या जो आदमी का तुझसे।
उठने लगा भरोसा भगवान धीरे-धीरे।।

इक दौर था कि इंसाँ ईमान का था पुतला।
इंसान हो गया है बेईमान धीरे-धीरे।।

हम सत्य को पकड़ कर बैठे हैं झोपड़ी में।
वह 'देव' हो गये हैं सुल्तान धीरे-धीरे।।

69. किस रोग का ए नादाँ उपचार ढूँढते हो

किस रोग का ए नादाँ उपचार ढूँढते हो।
इंसानियत जहाँ में बेकार ढूँढते हो।।

जो जीतना है दिल तो इक फूल भेंट करते।
क्यों जीतने की ख़ातिर तलवार ढूँढते हो।।

यह कौन से ज़माने में जी रहे हो बाबू।
इन लोग बेसुरों में झंकार ढूँढते हो।।

फिर यह लगेगा जैसे दुनिया बहुत बुरी है।
बेकार तुम सवेरे अख़बार ढूँढते हो।

यह रावणों की दुनिया दुर्योधनों की दुनिया।
क्यों राम-श्याम जैसा किरदार ढूँढते हो।।

70. ख़ूबसूरत बदन देखते रह गये

ख़ूबसूरत बदन देखते रह गये।
हम जहाँ पर खड़े थे खड़े रह गये।।

दिल ने चाहा कि छू कर तुझे देख लूँ।
हाथ लेकिन मेरे काँपते रह गये।।

एक बस तुझको पाने की चाहत में हम।
उम्र भर देवता पूजते रह गये।।

फिर झिंझोड़ा गया हमको वरना तो हम।
आपको देखकर बुत बने रह गये।।

तुम मुक़द्दर बने एक दिन ग़ैर के।
मेरी क़िस्मत में बस मयक़दे रह गये।।

दिल ने चाहा पुकारूँ तुझे रोक लूँ।
होंठ मेरे खुले थे खुले रह गये।।

71. जीते जी तो दिया किसी ने नहीं

जीते जी तो दिया किसी ने, नहीं सहारा बस्ती में।
लोग लगाने आये हैं अब, काँधा मेरी अर्थी में।।

दाम नहीं मिल पाते वाज़िब, जब अपनी ही फ़सलों के।
पीड़ा मन की कह उठती है, क्या रख्खा है खेती में।।

मौत सभी की आती है, तो ऐसी मौत ख़ुदा देना।
जान बिना तकलीफ निकल जाये केवल इक हिचकी में।।

हमको धोखा दे जाते हैं, अक्सर यार वही अपने।
साथ हमारे खाते थे जो, खाना एक ही थाली में।।

अब भी सो जाती है मेरे, मुल्क़ की आधी आबादी।
बासी-तासी पूरी-आधी, रूखी-सूखी रोटी में।।

नादानों इक स्वाद की ख़ातिर, तुमने क्या क्या पाप किये।
मछली पकड़ी मुर्गे मारे, बकरे काटे बोटी में।।

अपनी इक नादानी भर से, ऐसा होता है अक्सर।
अपने वालिद साहब की, मिल जाती इज़्ज़त मिट्टी में।।

आँखों देखा हर इक मंज़र, सच्चा 'देव' नहीं होता।
साँप का धोखा हो जाता है, हमको अक्सर रस्सी में।

72. चाहता था उसे चाहता रह गया

चाहता था उसे चाहता रह गया।
एक तूफ़ान दिल में दबा रह गया।।

दो क़दम दूर ही मुझसे मंज़िल रही।
सिर्फ़ दो ही क़दम फ़ासला रह गया।।

अपने चेहरे पे दिखने लगीं झुर्रियाँ।
आइना अब कहाँ आइना रह गया।।

जब कनस्तर में झाँका तो आटा न था।
रात फिर एक चूल्हा बुझा रह गया।।

मेरे दिल में ही रहता था मेरा ख़ुदा।
मैं उसे जा-बजा ढूँढता रह गया।।

दास्ताँ आम इंसाँ की इतनी सी है।
वह क़तारों में लगकर खड़ा रह गया।।

ज़लज़ला जब उठा मैं कि सज़दे में था।
सर मेरा ये झुका था झुका रह गया।।

इक नदी की तरह वह विदा हो गई।
इक किनारे सा मैं देखता रह गया।।

जाने वाले को जाना ही था एक दिन।
सिर्फ़ यादों का इक सिलसिला रह गया।।

73. दर्दे दिल समझाते किसको अंजानों की बस्ती में

दर्दे दिल समझाते किसको, अंजानों की बस्ती में।
अपना वाला कौन वहाँ था, बेगानों की बस्ती में।।

वह सुध-बुध खो कर बेचारे, अपनी जान गवाँ बैठे।
शम्मा क्यों तुमने जलवा दी, परवानों की बस्ती में।।

धोखा, लालच, झूठ, बहाना, साज़िश, झगड़ा, ख़ुदग़र्ज़ी।
ग़लती से आ पहुँचा शायद, इंसानों की बस्ती में।।

मुश्किल ने दरवाज़े आकर, साहस को ललकारा है।
तुम भी जाकर दीप जला दो, तूफ़ानों की बस्ती में।।

किसने दिल पर दस्तक देकर, सोया दर्द जगा डाला।
आँखों से आँसू ढलके हैं, मुस्कानों की बस्ती में।।

मंदिर मंदिर माथा टेका, मस्जिद मस्जिद सर पटका।
सुनने वाला कौन वहाँ था, भगवानों की बस्ती में।।

उनको यह मदिरा होती है, बिल्कुल अमृत के जैसी।
क़तरे क़तरे की क़ीमत है, मयख़ानों की बस्ती में।।

आग सुलगती थी इक दिल में, हम भी कुछ कर जायेंगे।
अब लेकिन बस धुआँ धुआँ है, अरमानों की बस्ती में।।

ज़ुल्फ़ घटायें कहलाती हैं, अश्क़ों के माने मोती।
कहने के अंदाज़ अलग हैं, दीवानों की बस्ती में।।

लाख दिखाओ 'देव' उन्हें पर, ऐब नहीं अपने दिखते।
आईनों का काम नहीं है, नादानों की बस्ती में।।

74. ऐ ख़ुदा तेरी दुनिया को क्या हो गया

ऐ ख़ुदा तेरी दुनिया को क्या हो गया।
आदमी आदमी से जुदा हो गया।।

हर नज़र सहमी सी हर तरफ़ ख़ौफ़ है।
फिर शहर में कहीं हादसा हो गया।।

जिस्म की आपको है तमन्ना अगर।
प्यार कब यह रहा वासना हो गया।।

अब अना का ये आलम है हर आदमी।
यह समझता है जैसे ख़ुदा हो गया।।

आजकल का तो यह है मेरे भाईयों।
जिस पे तलवार है बादशा हो गया।।

मैंने 'माँ' लफ़्ज़ जब भी पुकारा कभी।
मेरे लब पर वो आकर दुआ हो गया।।

'देव' रिश्तों का आलम बयाँ क्या करे।
हर कोई हर किसी से ख़फ़ा हो गया।।

75. चार दिन की ज़िंदगी में आप बस इतना करो

चार दिन की ज़िंदगी में आप बस इतना करो।
चार पल परमात्मा के ध्यान में बैठा करो।।

देखना फिर एक दिन धिक्कार देगी आत्मा।
चार पैसों के लिये ईमान मत बेचा करो।।

चारपाई पर पड़ी है वो अभागन एक माँ।
चार बेटों में से कोई एक तो सेवा करो।।

यूँ नशे में चार पहिया वाहनों के चालकों।
सो रही फुटपाथ पर मत ज़िंदगी कुचला करो।।

चार धेले की न फिर इज़्ज़त बचेगी आपकी।
बात पर क़ायम रहो मत बात से पलटा करो।।

आपको फिर चार लोगों में भला पूछेगा कौन।
आप भी तो चार लोगों को मियाँ पूछा करो।।

चार काँधों पर चली जायेगी इक दिन ज़िंदगी।
याद अपनी मौत को हर एक पल रख्खा करो।।

76. चंद दाने डाल कर झाँसे में लेकर चल दिया

चंद दाने डाल कर झाँसे में लेकर चल दिया।
और वह चिड़ियों को इक पिंजरे में लेकर चल दिया।।

आपकी सादा मिज़ाजी आपका शर्मीला पन।
ज़िन्दगानी को दशक नब्बे में लेकर चल दिया।।

है ये हिरनी जैसी जनता और राजा शेर सा।
शेर राजा हिरनी को जबड़े में ले कर चल दिया।।

और यह आतंक का चेहरा भयावह देखिये।
इस समूचे विश्व को ख़तरे में लेकर चल दिया।।

स्वच्छता की एक उससे ही हमें उम्मीद थी।
और वह ही मुल्क़ को कचरे में लेकर चल दिया।।

मैंने चाहा पूज लूँगा मैं किसी भगवान को।
दिल ये मेरा आपके सज़दे में लेकर चल दिया।।

हम हक़ीक़त में ही अपनी जी रहे थे ज़िंदगी।
इश्क़ हमको आपके सपने में लेकर चल दिया।।

77. बाहर बाहर पूजन है

बाहर बाहर पूजन है।
भीतर भीतर भटकन है।।

ज़्यादा सुख की इच्छा ही।
ज़्यादा दुख का कारन है।।

जीता जा बस जीता जा।
यह भी कोई जीवन है।।

जो सेवक ने पहना है।
साहब जी की उतरन है।।

बालकनी है फ्लैटों में।
लेकिन ग़ायब आँगन है।।

खेल खिलौने छूट गये।
क़ैद घरों में बचपन है।।

सात लिये हैं फेरे अब।
सात जनम का बंधन है।।

घर आ पहुँची दफ़्तर से।
अब हाथों में बेलन है।।

दिल के अंदर जाने कौन।
पर दिखने में सज्जन है।।

सँभल-सँभल कर चलना जी।
क़दम क़दम पर फिसलन है।।

खीर अमीरों के हिस्से।
गुरबत हिस्से खुरचन है।।

हर रिश्ते में खट्टापन।
सब की सब से अनबन है।।

नेता घर-घर भटक रहे।
कुछ दिन में निर्वाचन है।।

78. मम्मी जी की गोद में सोया करते थे

मम्मी जी की गोद में सोया करते थे।
पापा जी से दौड़ के लिपटा करते थे।।

जाने क्या पढ़ती थीं घर की दीवारें।
हम क्या दीवारों पर लिख्खा करते थे।।

जान तो गुड्डे गुड़ियों में भी होती थी।
हम घंटों उनसे बतिआया करते थे।।

मम्मी खाना लेकर पीछे फिरती थी।
इक हम नादाँ मिट्टी खाया करते थे।।

जब दादी माँ साथ हमारे होती थी।
हम नखरे फिर और दिखाया करते थे।।

देख तुझे ए धूप कि अब डर जाते हैं।
हम तुझसे बचपन में उलझा करते थे।।

'देव' तिजोरी आज नहीं पा ली हमने।
हम बचपन में गुल्लक रख्खा करते थे।।

79. न जाने कौन सा ग़म ढो रहा है

न जाने कौन सा ग़म ढो रहा है।
जिसे भी देखिये वह रो रहा है।।

जगाने का जिसे ज़िम्मा दिया था।
वही चादर को ताने सो रहा है।।

सियासत चाहती है सिर्फ़ इतना।
वही होने दो जो कुछ हो रहा है।।

महामूरख है गंगा में नहा कर।
किये सब पाप अपने धो रहा है।।

भला कैसे न पनपेगी मुहब्बत।
वफ़ा के बीज जब वह बो रहा है।।

कि मैं तो सोचकर ही काँपता हूँ।
ज़माने में ये क्या-क्या हो रहा है।।

80. मरासिम यूँ निभाया जा रहा है

मरासिम यूँ निभाया जा रहा है।
सितम हर इक उठाया जा रहा है।।

ये दुनिया कुंभकर्णों की है दुनिया।
इसे नाहक जगाया जा रहा है।।

कमाया था जो काला धन वही धन।
ज़मीनों में खपाया जा रहा है।।

यहाँ बस्ती अमीरों की बसेगी।
ग़रीबों को हटाया जा रहा है।।

अगर सच को किसी ने सच कहा तो।
गला उसका दबाया जा रहा है।।

किया था जो कभी एहसान मुझ पर।
वो हर लम्हा जताया जा रहा है।।

81. चौधरी जी आ गये जब चौधरी के रंग में

चौधरी जी आ गये, जब चौधरी के रंग में।
आबरू इक गिड़गिड़ाई, बेबसी के रंग में।।

देखते ही देखते, हम लोग दानव हो गये।
लौट कर वापस चलें, अब आदमी के रंग में।।

यह हमारे चर्च मंदिर और मस्जिद रँग गये।
पादरी के पंडितों के मौलवी के रंग में।।

हम गिले-शिकवे भुलाकर, आज इस होली के दिन।
चल दुबारा लौट आयें, दोस्ती के रंग में।।

ढल गई ये रात रंगीं, अब सहर होने को है।
आ गये साहिब दुबारा, सादगी के रंग में।।

दिल धड़कने लग गये हैं, उम्र ही ऐसी है कुछ।
दो बदन अब ढल रहे हैं, आशिक़ी के रंग में।।

यह समय का फेर है या आदमी की व्यस्तता।
बेरुख़ी सी घुल गई है, हर किसी के रंग में।।

रेप, हत्या, वासना, साज़िश, जुआ, सट्टा, शराब।
जुर्म हर इक हो रहा है, तीरगी के रंग में।।

वस्ल-हिज़रत, ग़म-मसर्रत, दर्द-नफ़रत और प्यार।
क्या नहीं होता है शामिल, ज़िंदगी के रंग में।

बात कहने का सलीक़ा, अब हमें आने लगा।
'देव' हम भी ढल गये हैं, शायरी के रंग में।।

82. अब नहीं दिखती है रौनक़ बस्तियों में

अब नहीं दिखती है रौनक़ बस्तियों में।
खेलता बचपन कहाँ अब चड्डियों में।।

गीत ग़ज़लों में कहाँ है लुत्फ़ ऐसा।
जो मज़ा था माँ तुम्हारी लोरियों में।।

सिर्फ़ यह रेशम का इक धागा नहीं है।
प्यार होता है बहन का राखियों में।।

आपने यूँ कर लिया चेहरे पे घूँघट।
चाँद जैसे छुप गया हो बदलियों में।।

चाँदनी फिर लुट गई कल रात यारों।
चाँद इक उलझा मिला है झाड़ियों में।।

चीख़ते इक शख़्स ने देखा घरों को।
लोग सारे दिख रहे थे खिड़कियों में।।

आज भी उड़ती हैं केवल मक्खियाँ ही।
आप जा कर देखिये तो झुग्गियों में।।

देखते ही ख़ौफ़ खाती है शराफ़त।
दाग़ इतने लग चुके हैं वर्दियों में।।

यह मेरा हिन्दोस्ताँ अब बँट गया है।
धर्म मज़हब नस्ल में और जातियों में।।

अब लगायें पार तो कैसे लगायें।
छेद इतने कर दिये हैं कश्तियों में।।

83. वो ही मानव यातनाओं में रहा है

वो ही मानव यातनाओं में रहा है।
लिप्त जो भी वासनाओं में रहा है।।

यह धरा है संत ऋषियों साधुओं की।
देश मेरा साधनाओं में रहा है।।

जब सुदामा के सखा थे श्याम सुंदर।
क्यों कथानक वेदनाओं में रहा है।।

ढूँढते हो आप जिसको मंदिरों में।
वो भगत की भावनाओं में रहा है।।

प्राण का भी हो गया संचार शव में।
शक्ति बल ये प्रार्थनाओं में रहा है।।

क्यों यहां अस्तित्व नारी का सदा ही।
बंधनों में वर्जनाओं में रहा है।।

आपका ही एक साथी पीठ पीछे।
आपकी आलोचनाओं में रहा है।।

क्यों धरातल पर नहीं साकार होता।
स्वप्न जो यह कल्पनाओं में रहा है।।

है वही असली खिलाड़ी हार कर जो।
जीत की संभावनाओं में रहा है।।

हम हैं रचनाकार मस्तक मन हमारा।
नित्य नूतन सर्जनाओं में रहा है।।

84. तंदुरुस्ती के लिये रब से दुआ करता रहा

तंदुरुस्ती के लिये, रब से दुआ करता रहा।
चैन से सोती रहे माँ, मैं हवा करता रहा।।

मेरी बहना, चाँद को, पाने की ज़िद पर अड़ गई।
और मैं सूरत पे उसकी, आईना करता रहा।।

सामने मेरे खड़ी है, हू-ब-हू वैसी परी।
जिसके क़िस्से, माँ से बचपन, में सुना करता रहा।।

बस तेरा ही नाम लेकर, दीन दुखियों के लिये।
मुझसे जैसा बन पड़ा, अच्छा बुरा करता रहा।।

दर्द में ढूँढी ख़ुशी, मातम मनाया जश्न सा।
था मुझे मंज़ूर, तू जो फ़ैसला करता रहा।।

फूल, ख़ुशबू, चाँद, रौनक़, जान, धड़कन, ज़िंदगी।
बाप भीगी आँख से, बेटी विदा करता रहा।।

थी उसे ख़ुद भी ख़बर, मेहमान है कुछ रोज़ का।
मौत से लड़ने का लेकिन हौसला करता रहा।।

85. कितनी सुंदर कितनी प्यारी है मेरी भारत माता

कितनी सुंदर कितनी प्यारी, है मेरी भारत माता।
सारे जग की राजदुलारी, है मेरी भारत माता।।

गंगा यमुना भी बहती हैं, इठलाता है सागर भी।
थोड़ी मीठी थोड़ी खारी, है मेरी भारत माता।।

फूल फलों सब्ज़ी भाजी से, पोषित होती आई है।
सदियों से ही शाकाहारी, है मेरी भारत माता।।

इंसाँ तो इंसाँ हैं इसने, भगवानों को जन्मा है।
रामा कृष्णा की महतारी, है मेरी भारत माता।।

हिंदू हो या ईसाई या मुस्लिम हो या सिख या जैन।
हर मज़हब की पालनहारी, है मेरी भारत माता।।

लाज बचाने दे जाते हैं, हँस-हँसकर जो कुर्बानी।
वीर सपूतों की आभारी, है मेरी भारत माता।।

वरना दुश्मन को तो इसने, अक्सर धूल चटाई है।
जब हारी अपनों से हारी, है मेरी भारत माता।।

चंद पड़ोसी जो माता पर, नीयत ठीक नहीं रखते।
उन ग़द्दारों को चिंगारी, है मेरी भारत माता।।

राम रहीमा दोनों बेटे, लड़ते और झगड़ते हैं।
बस थोड़ी क़िस्मत की मारी, है मेरी भारत माता।।

86. याद तुझे कर तुलसाने का बिरवा रोता है

याद तुझे कर तुलसाने का बिरवा रोता है।
बिंदी कंगन चूड़ी दर्पन गजरा रोता है।।

साँझ ढले तू दीप जलाकर रोशन करती थी।
रह रह कर वह पूजन वाला कमरा रोता है।।

तू खिड़की से इकटक जिसको तकती रहती थी।
याद तुझे कर पूनम का वह चंदा रोता है।।

झाँकेगा अब कौन यहाँ से आहट होने पर।
ख़ूब लिपटकर खिड़की से इक पर्दा रोता है।।

रोज़ सवेरे आ जाती है प्यास चिढ़ाने को।
इक कोने में मुरझाया सा गमला रोता है।।

हम तो फिर भी इंसाँ हैं यह प्यार तुम्हारा था।
गौशाला में बैठा बैठा बछड़ा रोता है।।

तूने जिस आँचल से मेरा ज़ख़्म लपेटा था।
इक खूँटी पर उस आँचल का टुकड़ा रोता है।।

रात जगा जाती है हर शब सोते बिस्तर को।
और सहर होने तक चादर तकिया रोता है।।

87. एक पत्थर इस तरफ़ भी आ रहा है

एक पत्थर इस तरफ़ भी आ रहा है।
कौन हम पर यह क़हर बरपा रहा है।।

भाई दुश्मन हो गया है भाई का ही।
और बेटा बाप पर चिल्ला रहा है।।

घर निकाला दे दिया अपनी दुल्हन को।
लक्ष्मी को देखिये ठुकरा रहा है।।

कल ही इक आवाज़ थी उसने उठाई।
वो, जनाज़ा आज उसका जा रहा है।।

इतनी मुश्किल भी नहीं है ज़िंदगी।
ज़िंदगी को तू ही ख़ुद उलझा रहा है।।

घर मेरा ये दर मेरा दीवार मेरी।
दूसरे का पोस्टर चिपका रहा है।।

झूठ पर तो लग चुकी है सच की मोहर।
सच को लेकिन आदमी झुठला रहा है।।

दूसरा कोई नहीं आता हुज़ूर।
अपना वाला ही कोई उलझा रहा है।।

गालियाँ भी दे रहा है आदमी ही।
गीत भी तो आदमी ही गा रहा है।।

रात मैंने स्वप्न देखा ख़ूबसूरत।
यह तिरंगा विश्व में लहरा रहा है।।

88. निराशा का झूठा अँधेरा दिखा कर

निराशा का झूठा अँधेरा दिखा कर।
हमें, लौट जाता है ग़म आज़माकर।।

ज़फ़ायें वो करता रहा है हमीं से।
हमारे ही सर की क़सम झूठी खाकर।।

तुझे जब भी देखा उदासी में देखा।
दिखा ज़िंदगी अब ज़रा मुस्कुरा कर।।

कभी एक पल को न सोचा था हमने।
रुला देगी हमको ये उल्फ़त हँसा कर।।

बड़ी बेवफ़ा है मेरी ज़िंदगानी।
किसी रोज़ चल देगी मुझको सुला कर।।

चलो मिलने जुलने की फुर्सत निकालें।
ये मसरूफ़ियत से दो लम्हे चुराकर।।

अगर ग़म ये रोने से हो जाये हल्का।
चलो 'देव' आँसू भी देखें बहाकर।।

89. माँ के चरणों में माथा झुका कर चला

माँ के चरणों में माथा झुका कर चला।
धूल पैरों की सर पर लगा कर चला।।

उसके बच्चे ही ख़ुद उसको देंगे सज़ा।
दिल जो माता-पिता का दुखा कर चला।।

उसकी मजदूरी बस चार पैसे बनी।
वह पसीने में दिनभर नहा कर चला।।

और बँटवारा घर खेत खलिहान का।
भाई को भाई से ही जुदा कर चला।।

कल तेरी दास्ताँ ख़त्म की वक़्त ने।
आज मिट्टी में मुझ को मिलाकर चला।।

दोस्तों से मधुर हैं मरासिम मेरे।
दुश्मनों से भी लेकिन निभा कर चला।।

घर से निकला था मंदिर को लेकिन दिया।
एक दुखिया के दर पर जला कर चला।।

90. तुमने दिल में कितने विषधर पाले हैं

तुमने दिल में कितने विषधर पाले हैं।
हम तो केवल सूरत से ही काले हैं।।

दूर वहाँ तुम देखो मेरे शुभचिंतक।
दुश्मन की बाहों में बाहें डाले हैं।।

सूरज तुम दीपक हो जैसे दुनिया के।
हम भी अपने घर के एक उजाले हैं।।

फूल कहाँ हैं अब लोगों के हाथों में।
चाकू ख़ंजर पत्थर बरछी भाले हैं।।

डाल चुके हैं दाने तो वह पहले ही।
अब केवल इक जाल बिछाने वाले हैं।।

जब भी उलझे प्रश्न रखे हैं जीवन ने।
हमने हँसते-हँसते उत्तर टाले हैं।।

इक दिन उसने काम किया था एक मेरा।
उसके बदले मुझ से चार निकाले हैं।।

चाबी है इक कद्दावर के हाथों में।
इस ख़ातिर ही उन होठों पर ताले हैं।।

मैं यह समझा इक मेरी ही माँ होगी।
तेरी माँ के हाथों में भी छाले हैं।।

91. हमें ईमान का सौदा न आया

हमें ईमान का सौदा न आया।
भरे बाज़ार में बिकना न आया।।

अगर मेरी ख़ता थी तो यही थी।
तुम्हारे नाम को जपना न आया।।

हमारा दिल ये दस्तक दे रहा था।
तुम्हारे दिल का दरवाज़ा न आया।।

ये ख़ुद मेरे तले बिखरा अँधेरा।
सलीक़े से मुझे जलना न आया।।

दिया तक़दीर ने इक बार मौक़ा।
पलटकर फिर वो दोबारा न आया।।

चला आया हज़ारों याद लेकर।
जो आया भी तो ग़म तन्हा न आया।।

बहुत रोया हमारा दिल भले ही।
हमारी आँख से क़तरा न आया।।

तुम्हारे बाद ए जाने तमन्ना।
मेरे दिल में कोई दूजा न आया।।

92. अच्छा तुम पर इतनी सारी दौलत है

अच्छा तुम पर इतनी सारी दौलत है।
अब हम समझे काहे इतनी इज़्ज़त है।।

सिर्फ़ नगर ही दौड़े भागे फिरते हैं।
गाँवों में तो अब भी वैसी फ़ुर्सत है।।

जाने क्या बदलाव हुआ है दुनिया में।
जिसकी देखो उसकी उतरी सूरत है।।

मौक़ा देखा सारा ज़हर उगल डाला।
इंसानों की साँपों जैसी फ़ितरत है।।

माँ भी है वह बहना भी है बीवी भी।
तुमको क्या लगता है केवल औरत है।।

ए मानव तुम इतना केवल याद रखो।
अपने ही हाथों में अपनी जन्नत है।।

उसने उतना ज़्यादा लूटा दुनिया को।
जिसकी जितनी ज़्यादा भोली सूरत है।।

फूल जुदा होते ही मुरझा जाते हैं।
यह फूलों की इक पौधे से चाहत है।।

अच्छा मुझको तुम इतना भर बतलाओ।
क्या दुनिया में अब भी सच की क़ीमत है।।

फूल खिलें बगिया में कलियाँ मुस्कायें।
इक माली की केवल इतनी हसरत है।।

नदिया जैसे सूख गई हो सावन में।
एक जवाँ विधवा की ऐसी हालत है।।

'देव' रहो तुम अपने ईमाँ पर क़ायम।
दुनिया का क्या दुनिया तो बेग़ैरत है।।

93. अबके सावन याद सताई मँझली वाली दीदी की

अबके सावन याद सताई, मँझली वाली दीदी की।
उन रेशम के कच्चे धागों, इक सुन्दर सी राखी की।।

जिस घर में सुख चैन नहीं है, घर वह घर कब होता है।
फिर चाहे सोने की छत हो, दीवारें हों चाँदी की।।

आकाशों में उड़ने वालों, तुम इतना भर याद रखो।
इक दिन मिट्टी में मिल जायेगी ये काया मिट्टी की।।

चाहे सूरज माँग लिया हो, या फिर चंदा चाहा हो।
हमने हर फ़रमाइश पूरी, की है अपनी बेटी की।।

शाइर हूँ गुमनाम मगर मैं इतनी ताक़त रखता हूँ।
पिज़्ज़ा-वर्गर वालों को, पीड़ा दिखला दूँ रोटी की।।

पढ़ना है अख़बार अगर तो हाथों हाथ उठाते हैं।
वरना फिर क़ीमत रह जाती, है केवल इक रद्दी की।।

लोग पुराने बाबूजी को, सर-आँखों पर रखते थे।
आज मगर क्या हालत कर दी, तुमने अपने डैडी की।।

94. तुमने केवल दौलत देखी

तुमने केवल दौलत देखी।
हमने केवल इज़्ज़त देखी।।

भर-भर खुशियाँ जीवन जी लो।
वरना किसने जन्नत देखी।।

प्यारे बच्चों इक अरसे तक।
भारत माँ ने गुरबत देखी।।

बच्चों की इक ज़िद के आगे।
बाबा ने कब क़ीमत देखी।।

मैंने तो हर इक औरत में।
इक ममता की मूरत देखी।।

दादा परदादा से पूछो।
हमने कितनी गुरबत देखी।।

उसने कब देखी है पूजा।
उसने केवल नीयत देखी।।

कुछ सेहत का ध्यान धरो तुम।
तुमने अपनी हालत देखी।।

तुमने मुझमें क्या देखा था।
मैंने तुम में सीरत देखी।।

तुम अब मेरी नफ़रत देखो।
तुमने मेरी चाहत देखी।।

95. सोचा था कुछ कर जाओगे

सोचा था कुछ कर जाओगे।
तुम भी यूँ ही मर जाओगे।।

झाँकोगे जब सीरत अपनी।
तुम ख़ुद से ही डर जाओगे।।

ख़िदमत नहीं किये वालिद की।
ऐसे कैसे तर जाओगे।।

जागेगा जब इंसाँ तुम में।
तुम भावों से भर जाओगे।।

मत शादाबी पर इतराओ।
इक पत्ते से झर जाओगे।।

बुद्धू आख़िर इक दिन तुम भी।
लौट के अपने घर जाओगे।।

96. हम मंज़िल को पाते-पाते रह जाते हैं

हम मंज़िल को पाते-पाते रह जाते हैं।
ख़ुशियों के पल आते-आते रह जाते हैं।।

दुनिया में फैला है इतना शोर-शराबा।
गीत सुरीला गाते-गाते रह जाते हैं।।

तेरी यादें लेती हैं जिस रोज़ हिलोरें।
उस दिन खाना खाते-खाते रह जाते हैं।।

अच्छे दिन के वादे तो करते हैं लेकिन।
वह अच्छे दिन लाते-लाते रह जाते हैं।।

ख़ुशियों के पल, पल में हो जाते हैं ग़ायब।
दुख के लम्हे जाते-जाते रह जाते हैं।।

सूरत से भा जाते हैं कुछ इंसाँ लेकिन।
वो सीरत से भाते-भाते रह जाते हैं।।

97. हाँ बड़ी सुंदर है यह मंदिर की मूरत

हाँ बड़ी सुंदर है यह मंदिर की मूरत।
है नहीं लेकिन ये तुझसे ख़ूबसूरत।।

हाथ क्यों फैलायें हम ग़ैरों के आगे।
क्यों नहीं कमतर रखें अपनी ज़रूरत।।

काम शुभ करने को हर अच्छी घड़ी है।
मत मिलाने बैठिये पावन मुहूरत।।

दिल ये होता है मुहब्बत के लिये।
आप दिल में पालियेगा मत कुदूरत।।

98. दिल ये मासूम सा तोड़ कर चल दिये

दिल ये मासूम सा तोड़ कर चल दिये।
ग़म से नाता मेरा जोड़ कर चल दिये।।

ग़म ने दस्तक दी दर पर तो ऐसा हुआ।
मेरे अपने ही मुँह मोड़ कर चल दिये।।

फिर हुआ यूँ कि नाकामियों के लिये।
ठीकरा सर मेरे फोड़ कर चल दिये।।

दर्द बेचैनियाँ हिज्र तन्हाईयाँ।
आप क्या-क्या यहाँ छोड़ कर चल दिये।।

99. जब से वह मशहूर हो गया

जब से वह मशहूर हो गया।
वह थोड़ा मग़रूर हो गया।।

फिर इक दिन मेरी साँसों का।
इस्तीफ़ा मंज़ूर हो गया।।

तुम देकर जो ज़ख़्म गये थे।
वह बढ़कर नासूर हो गया।।

इक तेरे इंकार से मेरा।
सपना चकनाचूर हो गया।।

दूध पियो औ'र पीकर डस लो।
ऐसा इक दस्तूर हो गया।।

मैंने उसको जितना चाहा।
उतना मुझसे दूर हो गया।।

आया इक दिन ऐसा पावन।
मैं उसका सिंदूर हो गया।।

100. यह है फ़ितरत आदमी की आजकल

यह है फ़ितरत आदमी की आजकल।
कौन सुनता है किसी की आजकल।।

बस फ़क़त धोखा मिलेगा आपको।
यह सज़ा है दोस्ती की आजकल।।

दे भले मत एक भी दाना शकर।
बात कर तू चाशनी की आजकल।।

दुश्मनी से हू-ब-हू मिलती है यह।
शक़्ल सूरत दोस्ती की आजकल।।

यह उठा औ'र मिट गया इक बुलबुला।
ज़िंदगी है दो घड़ी की आजकल।।

क्यों लिये फिरता है तू सादा दिली।
पूछ क्या है सादगी की आजकल।।

प्यार की चलती थीं जिसमें कश्तियाँ।
धार कम है उस नदी की आजकल।।

प्रेम सच्चाई दया ईमाँ धरम।
बात है यह उस सदी की आजकल।।

101. थी तमन्ना चाँद की तारा मिला है

थी तमन्ना चाँद की तारा मिला है।
हाँ मगर वह चाँद से प्यारा मिला है।।

आँसुओं से हो रही है तेर अपनी।
इश्क़ में पानी हमें खारा मिला है।।

किस क़लम से लिख दिया तूने मुक़द्दर।
जो मिला तक़दीर का मारा मिला है।।

वह लिखेगा जीत की कैसे इबारत।
शख़्स मन से जो हमें हारा मिला है।।

कौन सी मुश्किल का आख़िर हल नहीं है।
खुदकुशी ही क्यों तुम्हें चारा मिला है।।

102. या जीवन में पहले जैसा रंग नहीं है

या जीवन में पहले जैसा रंग नहीं है।
जीने का ही या अब वैसा ढंग नहीं है।।

महँगाई को सर पर लादे घूम रहे हैं।
कैसे कह दें जेब हमारी तंग नहीं है।।

इक सुर्ख़ी ऐसी भी बनती अख़बारों में।
मुल्क़ पड़ोसी से अब अपनी जंग नहीं है।।

हम ग़ैरों से आस लगायें भी तो कैसे।
जब अपना ही साया अपने संग नहीं है।।

उस जोड़े के मन की पीड़ा को भी समझो।
जिसके आँगन में अब तक हुड़दंग नहीं है।।

उल्फ़त का इक सत्र अभी तक भी है जारी।
अपने दिल की संसद अब तक भंग नहीं है।।

103. ये हद भी पार करके देखते हैं

ये हद भी पार करके देखते हैं।
चलो हम प्यार करके देखते हैं।।

तुम्हारी बाँह को जाने तमन्ना।
गले का हार करके देखते हैं।।

मुहब्बत में है आख़िर लुत्फ़ कैसा।
ये आँखें चार करके देखते हैं।।

हमेशा क्यों करें हम जी हुज़ूरी।
कभी इंकार करके देखते हैं।।

न जाने लोग क्यों इक दूसरे को।
छुरी में धार करके देखते हैं।।

फिर अपने मन को मिलता है बड़ा सुख।
चलो उपकार करके देखते हैं।।

किसी के इश्क़ में हो जायें पागल।
कि हम इज़हार करके देखते हैं।।

104. ठीक से ख़ंजर अभी उतरा नहीं है

ठीक से ख़ंजर अभी उतरा नहीं है।
ज़ख़्म तो है पर बहुत गहरा नहीं है।।

ग़म चला आया हज़ारों सूरतों में।
पर किसी भी शक़्ल में ठहरा नहीं है।।

साथ है जो आपके माँ की दुआ तो।
आँधियों के बीच भी ख़तरा नहीं है।।

हैं हज़ारों सूरतें दुनिया में लेकिन।
हम को भा जाये वही चेहरा नहीं है।।

कोई इनका है तो केवल है ख़ुदा ही।
इन फ़कीरों का कोई शजरा नहीं है।।

लाख पर्दों में करो तुम पाप लेकिन।
किस जगह उस आँख का पहरा नहीं है।।

आँख से अंधा है यह क़ानून लेकिन।
शुक्र है यह कान से बहरा नहीं है।।

105. मेरे हाथों में तुम हाथ दे दो अगर

मेरे हाथों में तुम हाथ दे दो अगर।
हँसते गाते कटे ज़िंदगी का सफ़र।।

वक़्ते रुख़्सत दी सैनिक को माँ ने दुआ।
लाड़ले तुझको लग जाये मेरी उमर।।

मयक़दों में क़तारें क़तारों में हैं।
मंदिरों में नहीं कोई आता नज़र।।

रात कल तेरे मंदिर में चोरी हुई।
प्रश्न यह है कि उस वक़्त था तू किधर।।

इन ग़रीबों के दुख दर्द से दोस्तों।
यह अमीरी हमेशा रही बेख़बर।।

झूठ महलों में रहता है सुख चैन से।
औ'र भटकती हैं सच्चाइयाँ दरबदर।।

106. है बहुत मजबूर ये इंसाँ वबा के सामने

कोरोना महामारी में मार्मिक परिस्थितियों को व्यक्त करती हुई ग़ज़ल

है बहुत मजबूर ये इंसाँ वबा के सामने।
हार थक कर लेट जाता है क़ज़ा के सामने।।

बेअसर होने लगे चारागरी जब दोस्तों।
काम आती है दुआ ही तब दवा के सामने।।

लग गये हैं देखिये ताले इबादतगाह में।
हम लगायें किस तरह अर्ज़ी ख़ुदा के सामने।।

मर गई है एक माँ बच्चे बिलखते छोड़ कर।
एक बेटा मर गया है इक पिता के सामने।।

डॉक्टर विज्ञान भौतिक शोध खोजें जैविकी।
सब के सब लाचार हैं तेरी रज़ा के सामने।।

दिल ये कहता है कि कर दें पीड़ितों की हम मदद।
डर की इक दीवार है लेकिन दया के सामने।।

है हवा में ऑक्सीजन बीस इक्किस फीसदी।
फेफड़े मजबूर हैं लेकिन हवा के सामने।।

107. ग़र्दो ज़र्रे हवाओं में बहने लगे

ग़र्दो ज़र्रे हवाओं में बहने लगे।
आजकल लोग बीमार रहने लगे।।

कल न बाज़ी लगा देना बीवी की तू।
दाव पर आज जो उसके गहने लगे।।

कुछ तो है बात बुतख़ानों में दोस्तों।
लोग पत्थर को भगवान कहने लगे।।

ग़म हज़ारों हैं रोने से क्या फ़ायदा।
बस यही सोचकर दर्द सहने लगे।।

बेवफाई की जब चल पड़ीं आँधियाँ।
ये घरौंदे मुहब्बत के ढहने लगे।।

108. नीले पीले लाल गुलाबी रंग लगा दो होली में

नीले पीले लाल गुलाबी, रंग लगा दो होली में।
तुम अपने हाथों से गोरी, भाँग पिला दो होली में।।

वरना तो अपनी सजनी सँग, तुम होली ही मत खेलो।
खेलो तो फिर ऐसे खेलो, रूह भिगा दो होली में।।

जान अगर लेनी है मेरी, और तरीक़े हैं गोरी।
तुम अपनी नज़रों के मुझ पर, तीर चला दो होली में।।

इंदू, बिंदू, शोभा, आभा, रीना, मीना, टीना से।
कैसे-कैसे धोखे खाये, आज गिना दो होली में।।

दीवाली उनकी मनवा दो, जिनकी रात अँधेरी है।
चंद ग़रीबों की देहरी पर, दीप जला दो होली में।।

जिनके दम पर खेल रहे हैं, हम यह ख़ुशियों की होली।
उन बूढ़े अम्मा बाबा के, पाँव दबा दो होली में।।

फागें गायें झूम झूम कर, मस्ती मस्ती हुरियारे।
ढोल बजैया ढम्मक ढम्मक, ढोल बजा दो होली में।।

झूठा मूठा रंग लगाने, को इक बार चली आओ।
मेरे इन नटखट यारों का, जिया जला दो होली में।।

'देव' निहार रही है तुम को, आतुर नज़रों से गोरी।
चुटकी भर सिंदूर उठाकर, माँग सजा दो होली में।।

109. ख़ुश्क़ लबों की प्याली बन जा

खुश्क़ लबों की प्याली बन जा।
इक मुफ़लिस की थाली बन जा।।

रात अँधेरी हो जिस घर में।
उस घर की दीवाली बन जा।।

तू कानों में घोल मधुर रस।
गीत ग़ज़ल क़व्वाली बन जा।।

तू इस गुलशन को महका दे।
इस गुलशन का माली बन जा।।

फूल खिला दे रंग बिरंगे।
तू इक ऐसी डाली बन जा।।

सूने दिल के तार बजा दे।
पतझड़ में हरियाली बन जा।।

बहकूँ झूमूँ नाचूँ गाऊँ।
शाम ज़रा मतवाली बन जा।।

कब तक नार रहेगी अबला।
दुर्गा चंडी काली बन जा।।

110. तुमने अपनी मानी दुनिया

तुमने अपनी मानी दुनिया।
लेकिन है बेगानी दुनिया।।

काम ज़रा सा पड़ भर जाये।
बनती है सेठानी दुनिया।।

बस ख़ुशियाँ ही ख़ुशियाँ देना।
मुझको मेरी रानी दुनिया।।

जब देखा उल्फ़त से देखा।
तुझको दिलबर जानी दुनिया।।

और ज़रा हम झूमे गायें।
चल मेरी मस्तानी दुनिया।।

तेरे मेरे मेरे तेरे।
दुख से है अंजानी दुनिया।।

अक्सर ऐसा भी होता है।
करती है नादानी दुनिया।।

केवल मतलब की है यारों।
जितनी यह पहचानी दुनिया।।

ख़ूब जवानी इतराती है।
कितनी है नूरानी दुनिया।।

जाने क्या यह ढूँढ रही है।
किसकी है दीवानी दुनिया।।

लेकिन इतना याद रखो तुम।
है आख़िर यह फ़ानी दुनिया।।

111. जिसका बेटा जवान होता है

जिसका बेटा जवान होता है।
उसका सारा जहान होता है।।

ये जवानी है उस नदी की तरह।
जिस नदी में उफ़ान होता है।।

वो ही खाता है ख़ौफ़ बारिश से।
जिसका कच्चा मकान होता है।।

मत बुज़ुर्गो से बदज़ुबानी कर।
क़द पिता के समान होता है।।

चोट अपनों से जिसने खाई हो।
उसके दिल पर निशान होता है।।

वक़्त चलता है चाल जब अपनी।
आदमी बेज़ुबान होता है।।

फ़सलें चौपट मकान भी गिरवी।
कितना बेबस किसान होता है।।

मूँदकर आँख मत भरोसा कर।
आदमी बेईमान होता है।।

लेखक के बारे में

देवेश कुमार 'देव' का जन्म 14 अगस्त 1977 को मध्य प्रदेश के रायसेन ज़िले के बरेली नामक स्थान पर हुआ। आपके पिता का नाम स्वर्गीय राघवेन्द्र कुमार श्रीवास्तव और माता का नाम श्रीमती शांति श्रीवास्तव है। आप मूलतः ग्राम बड़गवाँ तहसील देवरी ज़िला रायसेन मध्यप्रदेश के मूल निवासी हैं। आपका बचपन कस्बा बाड़ी ज़िला रायसेन में बीता। यहीं से आपने बारहवीं तक की शिक्षा प्राप्त की। आपने उच्च शिक्षा बरेली एवं भोपाल से ग्रहण की। आपने समाजशास्त्र से एम.ए. एवं एम.सी.ए. तक पढ़ाई की है। वर्तमान में आप भोपाल के समीपस्थ तहसील गौहरगंज ज़िला रायसेन में राजस्व विभाग में पटवारी पद पर सेवायें दे रहे हैं और राजधानी भोपाल में निवासरत हैं। आपकी पत्नी नम्रता खरे और बेटी कुमारी भूमि श्रीवास्तव हैं।

संपर्क : 9981777152, 9340660210